ÜLIMAALNE WASABI KOGEMUS

100 retsepti, mis segavad ülemaailmseid maitseid wasabi kuumusega

Marika Kaasik

Autoriõigus materjal ©2023

Kõik õigused kaitstud

Ühtegi selle raamatu osa ei tohi mingil kujul ega vahenditega kasutada ega edastada ilma kirjastaja ja autoriõiguse omaniku nõuetekohase kirjaliku nõusolekuta, välja arvatud ülevaates kasutatud lühikesed tsitaadid. Seda raamatut ei tohiks pidada meditsiiniliste, juriidiliste või muude professionaalsete nõuannete asendajaks.

SISUKORD

SISUKORD 3
SISSEJUHATUS 7
PÕHIRETSEPTID 8
1. Wasabi pulber 9
2. Wasabi pasta 11
3. Wasabi kaste 13
4. Wasabi koorekaste 15
HOMMIKUSÖÖK JA BRUNCH 17
5. Nori ja Wasabi Kaerahelbed 18
6. Munapuder singiga 20
7. Hommikusöögi pajaroog maisihelbega 22
8. Kale-And-Gruyère Strata tomatitega 24
9. Sink ja Šveitsi juust Prantsuse röstsai 26
10. Homaari salatiga täidetud munad 28
11. BBQ sealiha maisikrõpsudega 30
12. Võised sarvesaiad prosciuttoga 34
13. Nori kuradimuna 36
14. Kuratunud Rohelised munad & Spämm 38
SUUPÄID JA SUUPÖÖD 40
15. Tuunikala kevadrullid Wasabiga 41
16. Aasia fusioon Pidu Sega 43
17. Kreemjas artišoki dipikaste 46
18. Wasabi kokteili juustupallid 48
19. Vürtsikas popkorni segu 50
20. Kurgisushi Wasabi Microgreensiga 52
21. Wasabi Teriyaki pähklid 54
22. Mesi Wasabi kringli krõpsud 56
23. Peekoni Wasabi krõpsud 58
24. Krabi-biskviidi Wasabi koogid 60
25. Oliivitäidisega lihapallid 62
26. Vegan Tempeh ja sibul Empanadas 64
27. Rämpsposti kroketid Salsaga 67

VÕILEIVAD JA BURGERID 69

28. Kitsejuustu täidisega guacamole burgerid 70
29. Grillitud juust artišokkidega 73
30. Gurmee kuum sink ja juust 75
31. Kinoa ja maguskartuli burger 77
32. Avokaado köögiviljaburgerid 79
33. Wasabi Tempeh tacos 81
34. Soola ja äädikaga purustatud kanaburger 83
35. Grillitud singi ja juustu vahvlivõileivad 86
36. Mini-kanasalati võileivad 88
37. Wasabi Cubanos 90
38. Mini singi ja juustu liugurid 92
39. Päikesekuivatatud tomati ja tuunikala salativõileib 94
40. Mini munasalati võileivad 96
41. Grillitud Jack rukkilkoos Wasabiga 98
42. Päikesekuivatatud tomati ja kalkuni võileib 100
43. Grillitud juust suitsukalkuni ja avokaadoga 102
44. Grillitud Pumpernickel ja Gouda 104
45. Grillitud cheddari juustu ja singivõileivad 106

PÕHIROOG 108

46. Jaapani Wasabi Gnocchi 109
47. Wasabi ja pistaatsia küpsetatud kala 111
48. Pasta ja spargel sidruniveinikastmes 113
49. Wasabi veiseliha tempura juurviljapudruga 115
50. Wasabi Peamine ribi 118
51. Limoncello glasuuritud sealihakotletid 120
52. Marineeritud Wasabi veiseliha Tempura köögiviljapudruga ... 122
53. Wasabi kanatiivad Yuzu Mayoga 125
54. Porgandi ja suitsulõhe salat 127
55. Wasabi ja kurkumikana Tikka 129
56. Wasabi austrid 131
57. Rohelise tee aurudega grillitud Wasabiga niristatud rannakarbid ... 133
58. Lõhevõileivad Wasabiga 135
59. Praetud Wasabi-tuunikala 137
60. Wontoni salat krevettidega 139
61. Toores söestunud tuunikala rohelise tee ponzu kastmega ... 141
62. Krevettide ja suvikõrvitsa lihaleib 143

63. Krabiliha salat ja Wasabi kaaviar Vol-au-Tuuled 145
64. Segatud mereandide salat värske Wasabi vinegretiga 147
65. Tuunikala Carpaccio Wasabi Drizzliga 150
66. Lõhe ja kinoa, Sriracha salat 152
67. Amaretto glasuuritud sea sisefilee 154
68. Terve meriahven grillitud wasabi koorikus 156
69. Wasabi homaari ja raviooli salat 158
70. Küpsetatud lõhe ja maguskartul 160
71. Wasabi ja roheline tee lõhe 162
72. Rohelise hernesupp murulauku õitega 164
73. Grillitud lõhe värskete virsikutega 166

SALATID JA KÜLGID 168
74. Wasabi snapper ceviche salat 169
75. Wasabi krabi ja Mizuna salat 171
76. Meega röstitud redised 173
77. Päevalille idu salat 175
78. Virnastatud kana Wasabi salat 177
79. Merevetikate ja roheliste salat 180
80. Grillitud kana Caesar Wonton salat 182
81. Krõbedad Wasabi maguskartuli vahvlilõigud 184
82. Maci ja juustu salat peekoniga 186
83. Tsitrusviljade ja Radicchio salat datlitega 188
84. Puuviljadega valge ja metsiku riisi salat 190

MAGUSTOIT JA MAIUSTUSED 192
85. Wasabi ja kurgi jäätis 193
86. Wasabi Gouda fondüü 195
87. Kreemjas suitsulõhe ja tilli tart 197
88. Krabi ja spargli flan 200
89. Tuunikala ja kaaviari parfee 202
90. Wasabi Mousse 204

MAITSED 206
91. Wasabi-greipfruudi vinegrett 207
92. Lavendli mesi Wasabi 209
93. Wasabi-mee glasuur 211
94. Wasabi kaste 213
95. Wasabi õli 215
96. Cilantro & Serrano Kallis vinegrett 217

97. Wasabi majonees 219
98. Wasabi dipikaste 221
99. Wasabi Tobiko Vinaigrette 223
100. Wasabi-Serrano laimivõi 225
KOKKUVÕTE... 227

SISSEJUHATUS

Tere tulemast Ülimaalne Wasabi Kogemus, kulinaarsesse seiklusse, mis sukeldub teid julgete ja tuliste maitsete maailma, kus on esindatud Jaapani köögi täht – wasabi. Oma eksimatu kuumuse ja särtsaka löögiga Wasabist on saanud toiduhuviliste armastatud koostisosa kogu maailmas. Selles kokaraamatus kutsume teid astuma erakordsele kulinaarsele teekonnale, kus 100 inspireeritud retseptis segame wasabi tulise kuumuse globaalsete maitsetega.

Meie teekond läbi " Ülimaalne Wasabi Kogemus " tutvustab teile selle tähelepanuväärse koostisosa mitmekülgset ja põnevat olemust. Olenemata sellest, kas olete kogenud kokk või uus wasabimaailm, see raamat on teie teejuht roogade loomisel, mis tähistavad ülemaailmsete köökide sulandumist wasabi vastupandamatu kuumusega.

Kui asume sellele kulinaarsele seiklusele, valmistuge avama wasabiga toiduvalmistamise saladusi ja avastage kunst tasakaalustada selle tulist olemust maitsemaailmaga. Traditsioonilistest Jaapani roogadest kuni uuenduslike ülemaailmsete fusioonideni avastate põnevaid võimalusi, mida wasabi teie kulinaarsesse loomingusse pakub. Sukeldume " Ülimaalne Wasabi Kogemus "-sse ja tähistame ülemaailmsete maitsete vürtsikat sümfooniat wasabi kuumusega.

PÕHIRETSEPTID

1.Wasabi pulber

KOOSTISOSAD:
- 1/4 tassi kuivatatud mädarõigast
- 1/4 tassi kuiva sinepipulbrit
- 1-2 spl vett

JUHISED:
a) Sega kausis kuivatatud mädarõigas ja kuiv sinepipulber.
b) Lisa vähehaaval vett ja sega, kuni moodustub paks pasta. Lisage aeglaselt vett, et saavutada soovitud konsistents.
c) Lase segul mõni minut seista, et maitsed sulaksid.

2.Wasabi pasta

KOOSTISOSAD:
- 2 supilusikatäit Wasabi pulbrit
- 1-2 tl vett

JUHISED:

a) Sega väikeses kausis ettevalmistatud Wasabi pulber veega. Reguleerige vee kogust soovitud konsistentsi saavutamiseks, olgu see siis paksem pasta või vedelam.

b) Segage hästi ja teie Wasabi pasta on kasutamiseks valmis. See sobib suurepäraselt sushi ja sashimi jaoks.

3. Wasabi kaste

KOOSTISOSAD:
- 1 spl Wasabi pasta
- 2 spl sojakastet
- 1 tl riisiäädikat
- 1 tl suhkrut

JUHISED:
a) Segage väikeses kausis Wasabi pasta, sojakaste, riisiäädikas ja suhkur.
b) Sega, kuni suhkur on lahustunud ja kaste on hästi segunenud.
c) Maitse ja kohanda koostisosi oma maitse järgi. Lisasoojuse saamiseks võite lisada veel Wasabi pasta.

4. Wasabi koorekaste

KOOSTISOSAD:
- 2 spl hapukoort või majoneesi
- 1/2–1 tl Wasabi pasta (reguleerige soovitud kuumuse tasemele)
- 1/2 tl sojakastet
- 1/2 tl sidrunimahla

JUHISED:
a) Sega väikeses kausis kokku hapukoor või majonees, Wasabi pasta, sojakaste ja sidrunimahl.
b) Maitske ja reguleerige Wasabi pasta kogust vastavalt oma eelistustele. Saate seda vastavalt soovile muuta mahedamaks või vürtsikamaks.

HOMMIKUSÖÖK JA BRUNCH

5.Nori ja Wasabi Kaerahelbed

KOOSTISOSAD:
- 40 g kaerahelbeid
- ½ tassi vett
- 1½ tl Jaapani nuudlikastet
- hakitud Nori merevetikad
- wasabi

JUHISED:
a) Pane kaussi kaerahelbed ja vesi. ja mikrolaineahjus 1 minut.
b) Kalla peale Nori merevetikad ja Wasabi ning kalla peale nuudlikaste.

6.Munapuder singiga

KOOSTISOSAD:
- Mittenakkuv toiduvalmistamissprei
- ½ tassi õhukeselt viilutatud deli sinki
- 3 supilusikatäit hakitud Šveitsi juustu
- 2 muna
- 1 tl Wasabi pasta
- ⅛ teelusikatäis koššersoola
- 3 jahvatatud musta pipart
- Hakitud värske murulauk

JUHISED:
a) Pihustage 16-untsise kruusi sisemust toiduvalmistamispihustiga.
b) Segage kausis kõik koostisosad ja valage need kruusi.
c) Kata kaanega ja küpseta 1½ minutit mikrolaineahjus.
d) Kasutage munasegu purustamiseks kahvlit, katke uuesti ja küpsetage mikrolaineahjus veel umbes 30 sekundit.

7.Hommikusöögi pajaroog maisihelbega

KOOSTISOSAD:
- 4 tassi maisihelbeid
- 8 viilu leiba, kuubikuteks
- 2 tassi keedetud sinki või peekonit, tükeldatud
- 2 tassi riivitud cheddari juustu
- 6 suurt muna
- 2 tassi piima
- 1 tl Wasabi pasta
- ½ tl soola
- ¼ tl musta pipart

JUHISED:
a) Kuumuta ahi temperatuurini 350 °F (175 °C). Määri 9x13-tolline ahjuvorm rasvaga.
b) Laota pooled maisihelvestest valmis roa põhja.
c) Tõsta peale pooled saiakuubikud, sink või peekon ja riivitud juust. Korrake sama teise kihi maisihelveste, leiva, singi või peekoni ja juustuga.
d) Vahusta suures kausis munad, piim, Wasabi pasta, sool ja must pipar.
e) Vala munasegu ühtlaselt ahjuvormi kihiliste koostisosade peale.
f) Vajutage kahvliga kergelt alla, et leib oleks munasegus läbi imbunud.
g) Laske vormiroas umbes 10-15 minutit seista, et leib saaks vedeliku endasse imada.
h) Küpseta 35-40 minutit või kuni pealt on kuldpruun ja munad on hangunud.
i) Võta ahjust välja ja lase enne serveerimist paar minutit jahtuda.

8.Kale-And-Gruyère Strata tomatitega

KOOSTISOSAD:
- Toiduvalmistamise pihusti
- ½ supilusikatäit oliiviõli
- 1 kollane sibul, hakitud
- 6 küüslauguküünt, hakitud
- 1-kilone mitmeteraline leivapäts, koorikud eemaldatud, kuubikD
- 4 untsi hakitud Toscana lehtkapsast
- 3 untsi Gruyère'i juustu, hakitud
- ½ tassi tükeldatud nõrutatud päikesekuivatatud tomateid oliiviõlis
- 3 tassi 2% vähendatud rasvasisaldusega piima
- 1 spl Wasabi pasta
- ½ tl koššersoola
- ½ tl musta pipart
- 10 muna, hästi pekstud

JUHISED:
a) Kuumuta õli ja prae sibul ja küüslauk.
b) Katke Slow Cooker kergelt toiduvalmistamise pihustiga. Visake aeglases pliidis sibulasegu, leib, lehtkapsas ja tomatid kokku.
c) Klopi kausis kokku piim, Wasabi, sool, pipar ja munad. Valage aeglasesse pliidisse; vajuta leivasegu, uputades selle piimasegusse. Peal Gruyère'iga.
d) Küpseta madalal temperatuuril, kuni kihid saavutavad sisetemperatuuri 165 °F, umbes 3 tundi ja 45 minutit.

9.Sink ja Šveitsi juust Prantsuse röstsai

KOOSTISOSAD:
- 1 päts prantsuse leiba, lõigatud 1-tollisteks viiludeks
- 8 untsi keedetud sinki, viilutatud või kuubikuteks
- 8 untsi Šveitsi juustu, hakitud
- 6 suurt muna
- 2 tassi piima
- 1 spl Wasabi pasta
- 1 tl Worcestershire'i kastet
- ½ tl soola
- ¼ tl musta pipart
- Või ahjuvormi määrimiseks

JUHISED:
a) Määri 9x13-tolline ahjuvorm võiga ja laota pooled saiaviiludest ühe kihina.
b) Puista pool keedetud singist ühtlaselt leivaviiludele, seejärel pool rebitud Šveitsi juustust.
c) Laota peale ülejäänud saiaviilud, seejärel ülejäänud sink ja Šveitsi juust.
d) Vahusta keskmises kausis munad, piim, Wasabi pasta, Worcestershire'i kaste, sool ja must pipar, kuni need on hästi segunenud.
e) Vala munasegu ühtlaselt ahjuvormi leivakihtidele, tagades, et kogu leib on läbi imbunud.
f) Kata ahjuvorm fooliumiga ja hoia üleöö külmkapis.
g) Kuumuta ahi temperatuurini 350 °F (175 °C).
h) Eemalda ahjuvormilt foolium ja küpseta prantsuse röstsaia vormi 40–45 minutit, kuni see on kuldpruun ja keskosa on tahenenud.
i) Lase enne serveerimist paar minutit jahtuda.
j) Lõika ruutudeks ja serveeri soojalt maitsva ja soolase küpsetatud prantsuse röstsaia vormiroana singi ja Šveitsi juustuga.
k) Täiuslikuks toidukorraks võite seda serveerida ka salati või värskete puuviljade kõrvale. Nautige!

10. Homaari salatiga täidetud munad

KOOSTISOSAD:
- 6 kõvaks keedetud muna
- ½ naela keedetud homaariliha, tükeldatud
- ¼ tassi majoneesi
- 1 spl sidrunimahla
- 1 spl hakitud värsket murulauku
- ¼ teelusikatäit Wasabi pasta
- Sool ja pipar maitse järgi
- paprika (kaunistuseks)
- Värske murulauk (kaunistuseks)

JUHISED:
a) Lõika kõvaks keedetud munad pikuti pooleks. Eemaldage ettevaatlikult munakollased ja asetage need kaussi.
b) Purusta munakollased kahvliga puruks. Lisa kaussi tükeldatud homaariliha, majonees, sidrunimahl, hakitud murulauk, Wasabi pasta, sool ja pipar. Sega hästi, kuni kõik koostisosad on segunenud ja segu on kreemjas.
c) Tõsta lusikaga homaarisalati segu õõnestatud munavalgepoolikutesse, jagades see nende vahel ühtlaselt.
d) Puista igale täidetud munale veidi paprikat, et saada värvi ja maitset.
e) Kaunista iga täidetud muna väikese oksakese värske murulauguga.
f) Pane homaarisalatiga täidetud munad külmkappi vähemalt 30 minutiks, et maitsed saaksid kokku sulada.
g) Serveeri täidetud mune eelroana või suupistena jahutatult. Neid saab paigutada vaagnale või üksikutele serveerimistaldrikutele.

11. BBQ sealiha maisikrõpsudega

KOOSTISOSAD:

- ¼ tassi maisijahu
- ¼ tassi universaalset jahu
- 2 teelusikatäit Suhkur
- ¼ teelusikatäit koššersoola
- 1 muna
- ¾ tassi piima
- 2 spl soolata võid, sulatatud
- 2 spl Hakitud murulauku
- 2 tassi grillkastet
- 4 tassi Tükeldatud keedetud sealiha
- ½ tassi hakitud valget sibulat
- 2 spl laimimahla, maitse järgi rohkem
- 1 keskmine tomat
- 2 keskmist küpset avokaadot
- 1 Serrano tšilli, peeneks hakitud
- 2 supilusikatäit hakitud koriandrit
- Koššersool maitse järgi
- ¾ tassi tšillikastet
- ⅓ tassi melassi
- 3 supilusikatäit sojakastet
- 1 spl Wasabi pasta
- 1 küüslauguküüs, purustatud
- 3 supilusikatäit sidrunimahla
- ⅓ tassi kanapuljongit
- ¼ tassi vett
- 1 tl Tabasco kastet
- 1 tl koššeri soola
- 2 tl Worcestershire'i kastet
- ¼ teelusikatäit tšillihelbeid
- ½ Anaheimi tšilli, seemnetest puhastatud ja 1-tollisteks tükkideks lõigatud
- ½ Chipotle tšillit adobo kastmes

JUHISED:
a) Sõelu keskmises segamisnõus kuivained kokku. Sega eraldi kausis muna, piim ja sulatatud või.
b) Tehke kuivainetesse süvend ja segage järk-järgult munasegu hulka.
c) Sega juurde murulauk.
d) Enne kasutamist laske taignal 30 minutit seista.
e) Kuumuta hästi maitsestatud krepppann keskmisel kuumusel peaaegu suitsemiseni.
f) Määrige kergelt võiga ja valage sisse umbes 2 supilusikatäit tainast, mis on täpselt nii palju, et tekiks õhuke 5-tolline krepp, kallutage panni, et tainas jaotuks ühtlaselt.
g) Küpseta kuldpruuniks, küpsetades ainult ühelt poolt.
h) Eemaldage krepp pannilt ja jätkake ülejäänud taignaga, virnades soojad krehvtid taldrikule.
i) Kuumuta grillkaste keskmises kastrulis ja lisa tükeldatud sealiha.
j) Sega, et sealiha oleks kastmega ühtlaselt kaetud. Hauta vaikselt paar minutit, et liha oleks läbi kuumenenud. Murra või rulli kreekad ümber täidise.
k) Vala peale ülejäänud grillkaste ja serveeri kõrvale avokaadosalsat.

AVOKAADOSALSA
l) Sega keskmise suurusega kausis hakitud valge sibul ja 2 spl laimimahla.
m) Tõsta tomati ja avokaado valmistamise ajaks kõrvale.
n) Puhasta ja lõika tomat ¼-tollisteks kuubikuteks. Lõika avokaadod pooleks, eemalda seemned ja eemalda viljaliha.
o) Lõika viljaliha ½-tollisteks kuubikuteks. lisage sibula segule tomat, avokaado, hakitud tšilli ja koriander.
p) Maitsestage ja lisage vajadusel soola, laimimahla või hakitud tšillit. Kata tihedalt kilega ja lase salsal enne serveerimist umbes pool tundi seista.

GRILLIKASTUS
q) Sega kõik koostisained paksupõhjalises kastrulis ja kuumuta kõrgel kuumusel keema.
r) Alanda kuumust madalaks ja hauta 15–20 minutit.
s) Tõsta tulelt ja pane läbi peene sõela.

t) Kui seda kohe ei kasutata, hoidke külmkapis. Kaste säilib külmkapis kuni 4 päeva.

12. Võised sarvesaiad prosciuttoga

KOOSTISOSAD:
- 3 spl soolavõid õhukesteks viiludeks, lisaks veel määrimiseks
- 6 sarvesaia, jämedalt kolmandikuks rebitud
- 8 suurt muna
- 3 tassi täispiima
- 1 spl Wasabi pasta
- 1 spl hakitud värsket salvei
- ¼ tl värskelt riivitud muskaatpähklit
- Koššersool ja värskelt jahvatatud pipar
- 12 untsi külmutatud spinatit, sulatatud ja kuivaks pressitud
- 1½ tassi riivitud Gouda juustu
- 1½ tassi hakitud Gruyère'i juustu
- 3 untsi õhukeseks viilutatud prosciutto, rebitud

JUHISED:
a) Kuumuta ahi temperatuurini 350 °F. Määrige 9 × 13-tolline küpsetusvorm.
b) Laota sarvesaiad ahjuvormi põhja ja kata need viilutatud võiga. Küpseta kuni kergelt röstitud, 5 kuni 8 minutit. Eemaldage ja laske pannil jahtuda, kuni see pole enam puudutamisel kuum, umbes 10 minutit.
c) Klopi keskmises kausis kokku munad, piim, Wasabi, salvei, muskaatpähkel ning näputäis soola ja pipart. Segage spinat ja ¾ tassi iga juustu. Kalla segu ettevaatlikult röstitud sarvesaiadele, jaotades ühtlaselt. Pea peale ülejäänud juust ja viimistlemiseks lisa prosciutto. Kata kaanega ja pane külmkappi vähemalt 30 minutiks või üleöö.
d) Kui olete küpsetamiseks valmis, eemaldage kihid külmkapist ja soojendage ahi temperatuurini 350 °F.
e) Küpseta, kuni kihtide keskosa on hangunud, umbes 45 minutit. Kui sarvesaiad hakkavad pruunistuma enne, kui kihid on valminud, katke need fooliumiga ja jätkake küpsetamist.
f) Eemaldage kihid ahjust ja laske enne serveerimist 5 minutit jahtuda.

13. Nori kuradimuna

KOOSTISOSAD:
- 7 suurt kõvaks keedetud muna. Krakitud ja pooleks lõigatud
- 4 nori lehte. Lõika ribadeks
- ½ tassi majoneesi
- 2 tl riisiäädikat
- 2 tl wasabipastat
- ¼ teelusikatäit meresoola

JUHISED:
a) Eemalda munakollane ja püreesta
b) Lisage püreestatud munakollane majoneesile, soolale, wasabile, äädikale ja segage täiuslikuks pastaks
c) Laota munavalged taldrikule
d) Kühveldage ja tilgutage sisu iga munavalge süvendisse
e) Tee noriribad märjaks ja aseta need igale täidetud munale

14. Kuratunud Rohelised munad & Spämm

KOOSTISOSAD:
- 6 kõvaks keedetud muna
- 2 supilusikatäit majoneesi
- 1 spl Wasabi pasta
- 1 spl magusat hapukurgi maitset
- Sool ja pipar maitse järgi
- 6 viilu rämpsposti, keedetud ja kuubikuteks lõigatud
- Roheline toiduvärv (valikuline)

JUHISED:
a) Lõika kõvaks keedetud munad pikuti pooleks. Eemaldage ettevaatlikult munakollased ja asetage need kaussi.
b) Püreesta munakollased kahvliga ja sega hulka majonees, Wasabi pasta, magus hapukurgi maitseaine, sool ja pipar. Soovi korral lisa täidisele roheka tooni andmiseks tilk rohelist toiduvärvi.
c) Sega munakollasesegu hulka kuubikuteks lõigatud Spam.
d) Tõsta täidis lusikaga tagasi munavalgepoolikute hulka.
e) Laota kurnatud rohelised munad ja rämpspost serveerimistaldrikule ning soovi korral kaunista hakitud murulauku või peterselliga.

SUUPÄID JA SUUPÖÖD

15. Tuunikala kevadrullid Wasabiga

KOOSTISOSAD:
- 1 nael sashimi-klassi tuunikala
- 1 spl wasabi pasta
- 2 spl koriandri lehti
- 2 spl hakitud peterselli
- 8 kevadrulli ümbrist
- Õli friteerimiseks
- 2 spl laimimahla
- 2 spl sojakastet

JUHISED:
a) Alustage tuunikala ettevalmistamisega. Lõika see umbes 2 cm laiusteks ja 10 cm pikkusteks tükkideks.
b) Määri iga tuunikalatükk kergelt õhukese wasabipastaga.
c) Veereta tuunikalatükke koriandrilehtede ja hakitud peterselli segus, tagades, et need oleksid ühtlaselt kaetud.
d) Võtke iga ettevalmistatud tuunikala tükk ja mähkige see kevadrulli ümbrisesse. Kasutage ümbriste otste tihendamiseks veidi vett, tagades, et need on tihedalt suletud.
e) Sügaval pannil või potis kuumuta frittimiseks õli.
f) Prae tuunikala kevadrulle ettevaatlikult kuumas õlis umbes 30–45 sekundit või kuni need muutuvad kergelt kuldseks ja krõbedaks.
g) Eemaldage vedrurullid õlist ja asetage need imavale paberile, et liigne õli välja voolaks.
h) Sega väikeses kausis dipikastme saamiseks laimimahl ja sojakaste.
i) Serveeri tuunikala kevadrulle koos laimi ja soja dipikastmega koos Aasia rohelise salatiga.
j) Nautige oma maitsvaid tuunikala kevadrulle laimi ja sojaga!

16. Aasia fusioon Pidu Sega

KOOSTISOSAD:
WASABI HERNED:
- 1 tass kuivatatud rohelisi herneid
- 2 supilusikatäit sojakastet
- 1-2 tl wasabipastat
- 1 tl taimeõli
- 1/2 tl suhkrut (valikuline, magususe saamiseks)
- Näputäis soola (valikuline, maitse järgi)

PEOMEG:
- 6 tassi popkorni
- 2 tassi krõbedaid Konjaci riisi hommikusöögihelveste ruute
- 1 tass soolamata röstitud india pähkleid või maapähkleid
- 1 tass väikest kringlit
- 1 tass wasabi herneid
- ¼ tassi vegan margariini
- 1 spl sojakastet
- ½ tl küüslaugu soola
- ½ tl maitsestatud soola

JUHISED
WASABI HERNED:
a) Alustuseks leotage kuivatatud rohelisi herneid vees üleöö või vähemalt 8 tundi. See aitab neil pehmeneda ja neid on lihtsam küpsetada.
b) Nõruta ja loputa leotatud herned. Pange need potti ja katke värske veega.
c) Lase vesi keema, seejärel alanda kuumust keemiseni.
d) Küpseta herneid umbes 30-40 minutit või kuni need on pehmed. Hernest peaks saama lihtsalt sõrmede vahel purustada.
e) Nõruta keedetud herned kurnis ja lase paar minutit jahtuda.
f) Patsutage need puhta köögirätiku või paberrätikuga kuivaks, et eemaldada liigne niiskus.
g) Sega väikeses kausis sojakaste, wasabipasta, taimeõli ja suhkur (kui kasutad). Reguleerige wasabipasta kogust soovitud vürtsikuse tasemele.
h) Lisa jahutatud ja kuivatatud herned wasabi segule. Viska need korralikult läbi, et iga hernes oleks ühtlaselt kaetud.
i) Kuumuta ahi temperatuurini 250 °F (120 °C) või kasutage toidukuivatit.
j) Laotage kaetud herned ühe kihina küpsetuspaberiga kaetud ahjuplaadile või asetage need kuivatusalustele.
k) Küpsetamise korral küpseta 1–1,5 tundi, viskades herneid iga 20–30 minuti järel, kuni need muutuvad krõbedaks.
l) Kui kasutate dehüdraatorit, järgige tootja juhiseid kuivatamiseks, kuni need muutuvad krõbedaks.

PEOMEG:
m) Kuumuta ahi temperatuurini 250 °F. Segage 9 x 13-tollises küpsetuspannil popkorn, teravili, india pähklid, kringlid ja herned.
n) Sega väikeses kastrulis margariin, sojakaste, küüslaugusool ja maitsestatud sool.
o) Küpseta segades keskmisel kuumusel, kuni margariin on sulanud, umbes 2 minutit. Valage popkornisegule, segage hästi.
p) Küpseta 45 minutit, aeg-ajalt segades. Enne serveerimist jahuta täielikult.

17. Kreemjas artišoki dipikaste

KOOSTISOSAD:
- 2 x 8 untsi pakki toorjuustu, toatemperatuur
- ⅓ tassi hapukoort
- ¼ tassi majoneesi
- 1 spl sidrunimahla
- 1 spl Wasabi pasta
- 1 küüslauguküüs
- 1 tl Worcestershire'i kastet
- ½ tl kuuma piprakastet
- 3 x 6 untsi purgid marineeritud artišokisüdameid, nõrutatud ja tükeldatud
- 1 tass riivitud mozzarella juustu
- 3 sibulat
- 2 tl hakitud jalapeñot

JUHISED:
a) Vahusta elektrimikseri abil suures kausis esimesed 8 koostisosa, kuni need on segunenud. Voldi sisse artišokid, mozzarella, talisibul ja jalapeño.
b) Tõsta ahjuvormi.
c) Kuumuta ahi 400 °F-ni.
d) Küpseta dipikastmes, kuni see hakkab mullitama, ja pruunista pealt – umbes 20 minutit.

18. Wasabi kokteili juustupallid

KOOSTISOSAD:
- 8 untsi juustu, pehmendatud
- ¼ tassi tavalist rasvavaba jogurtit
- 4 untsi hakitud cheddari juustu
- 4 untsi hakitud vähendatud rasvasisaldusega Šveitsi juustu
- 2 tl riivitud sibulat
- 2 tl Valmis mädarõigast
- 1 tl Wasabi pasta
- ¼ tassi hakitud värsket peterselli

JUHISED:
a) Kombineerige juust ja jogurt suures segamiskausis; klopi elektrimikseri keskmisel kiirusel ühtlaseks. Lisa cheddari juust ja järgmised 4 koostisosa; sega põhjalikult. Katke ja jahutage vähemalt 1 tund.
b) Vormi juustusegu palliks ja puista peale petersell. Suru petersell õrnalt juustupalli sisse. Mähi juustupall tugevasse kilesse ja jahuta.
c) Serveeri erinevate soolamata kreekeritega.

19. Vürtsikas popkorni segu

KOOSTISOSAD:
- 6 tassi popkorni (tavaline või kergelt soolatud)
- 1 tass wasabi herneid
- ½ tassi maapähkleid
- ¼ tassi kuuma kastet
- 2 spl sulatatud võid

JUHISED:
a) Kuumuta ahi temperatuurini 350 °F (175 °C).
b) Sega kausis popkorn, wasabi herned ja maapähklid.
c) Nirista segule sulavõi ja kuum kaste ning sega ühtlaseks.
d) Laota segu küpsetusplaadile ja küpseta 10 minutit.
e) Võta ahjust välja ja lase enne serveerimist jahtuda.

20.Kurgisushi Wasabi Microgreensiga

KOOSTISOSAD:
- ½ inglise kurki, õhukeseks viilutatud
- Nukk wasabi-koorekastet
- 1 pakk suitsulõhet
- ½ avokaadot, õhukesteks viiludeks
- ¼ tassi wasabi sinepi mikrorohelist
- Näputäis seesamiseemneid

WASABI-KOOREKASTES:
- 2 spl wasabipastat
- ½ tassi vegan majoneesi

GARNIS:
- Wasabi koorekaste
- Wasabi sinepi mikrorohelised
- Seesamiseemned

JUHISED:
a) Viiluta kurk koorija või mandoliiniga õhukesteks ribadeks ja lao need korralikult üksteise kõrvale, kattudes iga viiluga veidi.
b) Sega wasabi koostisained.
c) Kokkupanek: Lisa kurgile õhuke kiht wasabikastet.
d) Lisa avokaadoviilud, suitsulõhe ja wasabi mikrorohelised. Lisa krõmpsu ja maitse saamiseks puista peale veidi seesamiseemneid.
e) Rullige sushi õrnalt palgiks.
f) Lõika need õrnalt tükkideks ja aseta taldrikule.
g) Kaunista ekstra seesamiseemnete, wasabi sinepi mikroroheliste ja wasabi-koorekastmega, et saada maitsvat ja värskendavat rullu!

21. Wasabi Teriyaki pähklid

KOOSTISOSAD:
- 1 spl saflooriõli
- 1 spl küüslauk, hakitud
- 8 untsi sarapuupähkleid, kooritud
- 8 untsi tooreid Brasiilia pähkleid
- 1 spl madala naatriumisisaldusega sojakastet
- 2 supilusikatäit Suhkur
- ½ tl Värskelt jahvatatud musta pipart
- ¼ teelusikatäit Wasabi pulbrit

JUHISED:
a) Kuumutage saflooriõli suurel raskel mittenakkuval praepannil keskmisel kuumusel. Sega juurde hakitud küüslauk.
b) Kui küüslauk muutub kuldseks, lisage pannile sarapuupähklid ja toored Brasiilia pähklid. Alanda kuumust keskmisele tasemele.
c) Segage pähkleid pidevalt, kuni need on kergelt röstitud, mis peaks võtma umbes 8 minutit. Olge põletamise vältimiseks tähelepanelik.
d) Tõsta pann tulelt. Nirista pähklitele madala naatriumisisaldusega sojakastet.
e) Puista pähklitele suhkur, värskelt jahvatatud must pipar ja wasabipulber. Sega hästi, et need ühtlaselt kataks.
f) Laota maitsestatud pähklid ühe kihina vahatatud paberile, et need kuivaksid.
g) Kui need on jahtunud ja kuivanud, on teie Wasabi Teriyaki pähklid valmis nautimiseks maitsva suupiste või eelroana.

22. Mesi Wasabi kringli krõpsud

KOOSTISOSAD:

- 4 tassi kringlipulki
- 3 spl sulatatud võid
- 2 supilusikatäit mett
- 2 supilusikatäit Wasabi pasta
- ½ tl küüslaugupulbrit
- ½ tl sibulapulbrit
- ¼ teelusikatäit soola

JUHISED:

a) Kuumuta ahi temperatuurini 325 °F (160 °C).
b) Sega suures kausis sulatatud või, mesi, Wasabi pasta, küüslaugupulber, sibulapulber ja sool.
c) Lisa kaussi kringlipulgad ja sega, kuni need on ühtlaselt kaetud.
d) Laota kringlipulgad ühe kihina küpsetuspaberiga kaetud ahjuplaadile.
e) Küpseta 15-20 minutit, korra poole peal segades, kuni kringlid on krõbedad ja kuldsed.
f) Enne serveerimist lase krõpsudel täielikult jahtuda.

23. Peekoni Wasabi krõpsud

KOOSTISOSAD:
- 7 viilu lahjat peekonit
- ½ tassi vett
- ¼ tassi Wasabi pasta
- 2 tassi universaalset jahu
- ½ teelusikatäit soola
- 1 spl Küpsetuspulber
- 1 tl Värskelt jahvatatud valget pipart
- 6 spl külma võid; lõika 6 tükiks

JUHISED:
a) Küpseta peekon suurel pannil krõbedaks. Aseta paberrätikutele nõrguma ja jäta 2 spl peekonitilku. Haki peekon peeneks.
b) Segage metallist teraga köögikombainis vesi, Wasabi ja 2 supilusikatäit peekonitilku. Töötle, kuni see on lihtsalt segunenud.
c) Segage metallist teraga köögikombainis jahu, sool, küpsetuspulber ja valge pipar. Protsess kombineerimiseks. Lisa võid; pulseerige, kuni segu meenutab jämedat jahu. Lisa Wasabi segu ja pulsi, kuni see on lihtsalt segunenud. Lisa peekon ja puljongi üks või kaks korda, täpselt nii palju, et peekon seguneks.
d) Aseta segu kergelt jahuga ülepuistatud tööpinnale. Rulli tainas jahuse taignarulliga ⅛-tolliseks paksuseks. Kasta 2-tolline ümmargune lõikur jahusse ja suru tainasse. Aseta ringid 2 määrimata ahjuplaadile. Koguge jäägid kokku ja rullige lahti ning jätkake võimalikult paljude ringide lõikamist.
e) Küpseta eelkuumutatud ahjus 10-12 minutit või kuni kuldpruunini. Viige jahutusrestidesse.

24. Krabi-biskviidi Wasabi koogid

KOOSTISOSAD:
KÜPSIKIDE KOHTA:
- 2 tassi universaalset jahu
- 1 spl küpsetuspulbrit
- ½ tl soola
- ½ tassi külma soolamata võid, tükeldatud
- ½ tassi piima
- ½ tassi riivitud Cheddari juustu

KRABITÄIDISEKS:
- 1 kilo tükki krabiliha
- ¼ tassi majoneesi
- 1 spl Wasabi pasta
- 1 spl sidrunimahla
- 2 spl hakitud värsket peterselli
- Sool ja pipar maitse järgi

JUHISED:
a) Kuumuta ahi temperatuurini 425 °F (220 °C).
b) Vahusta suures kausis jahu, küpsetuspulber ja sool.
c) Lisa külm või jahusegule ja lõika kondiitrilõikuri või näppudega kuni segu meenutab jämedat puru.
d) Vala juurde piim ja sega, kuni tainas kokku tuleb.
e) Voldi sisse riivitud cheddari juust.
f) Tõsta tainas kergelt jahusele pinnale ja sõtku seda õrnalt paar korda. Patsutage see 1-tolliseks paksuseks ristkülikuks.
g) Lõika tainas biskviidilõikuri abil üksikuteks kookideks. Aseta koogid küpsetuspaberiga kaetud ahjuplaadile.
h) Küpseta 12-15 minutit või kuni kuldpruunini.
i) Sega kausis krabiliha, majonees, Wasabi pasta, sidrunimahl, hakitud petersell, sool ja pipar.
j) Serveerimiseks jaga koogid pooleks, täitke need krabitäidisega ja asetage peale koogi teine pool.

25.Oliivitäidisega lihapallid

KOOSTISOSAD:
- 1 spl Võid
- 1 tass sibul, hakitud
- 2 väikest küüslauguküünt, hakitud
- 1¼ naela jahvatatud liha
- ½ tassi pehmet leivapuru
- ½ tassi peterselli, peeneks hakitud
- 1 suur muna ja 1 tass koort
- 16 väikest täidisega rohelist oliivi
- ¼ tassi maapähkliõli
- 3 spl Jahu
- ½ tassi kuiva valget veini ja 1½ tassi kanapuljongit
- 1 spl tomatipasta
- 1 spl Wasabi pasta

JUHISED:
a) Küpseta sibul ja küüslauk. Pane liha segamisnõusse ja lisa keedetud sibul ja küüslauk, riivsai, petersell, muna, pool koort ja muskaatpähkel. Sega hästi. Jaga 16 võrdseks osaks.
b) Valmistage pallid oliivi sisse sulgedes.
c) Küpseta, sageli keerates, et need ühtlaselt pruunistuks, umbes 5-10 minutit.
d) Sega juurde jahu ja seejärel lisa vein. Küpseta umbes 1 minut, segades. Lisa lihapallid.
e) Blenderda ülejäänud koor ja Wasabi kastmesse.

26. Vegan Tempeh ja sibul Empanadas

KOOSTISOSAD:

- 8 untsi tempeh
- 2 spl oliiviõli
- 1 keskmine kollane sibul, peeneks hakitud
- 2 küüslauguküünt, hakitud
- ½ tl kuivatatud oreganot
- ½ tl jahvatatud köömneid
- ½ tl purustatud punast pipart
- 1½ teelusikatäit soola
- ¼ tl musta pipart
- ½ tassi ketšupit
- ½ tassi rosinaid
- ¼ tassi värsket apelsinimahla
- 1½ tassi universaalset jahu
- ½ tassi kollast või valget maisijahu
- 1 tl suhkrut
- 1 tl küpsetuspulbrit
- ½ tassi vegan margariini
- ⅓ tassi pluss 2 tl sojapiima
- 2 tl Wasabi pasta

JUHISED:

a) Keeda tempehi keskmises keevas vees kastrulis 30 minutit. Nõruta hästi, tükelda ja tõsta kõrvale.
b) Kuumuta suurel pannil keskmisel kuumusel õli, lisa sibul ja küüslauk, kata kaanega ja küpseta 5 minutit, kuni see on pehmenenud.
c) Sega juurde tükeldatud tempeh, pune, köömned, purustatud punane pipar, ½ tl soola ja must pipar. Küpseta 5 minutit kauem, seejärel alanda kuumust ja sega hulka ketšup, rosinad ja apelsinimahl. Hauta, kuni maitsed on segunenud ja vedelik on aurustunud, umbes 15 minutit. Tõsta kõrvale jahtuma.
d) Kuumuta ahi 400 °F-ni. Sega köögikombainis omavahel jahu, maisijahu, suhkur, ülejäänud 1 tl soola ja küpsetuspulber. Pulse segamiseks. Lisa margariin, sojapiim ja Wasabi.
e) Töötle kuni moodustub pehme tainas.
f) Jagage tainas 6 võrdseks tükiks ja rullige need kergelt jahusel tööpinnal 7-tollisteks ringideks.
g) Jaga täidisesegu pooleks igast taignaringist. Voldi teine pool taignast täidise peale ja suru servad kokku, et täidis seest kinni keeraks.
h) Küpseta kuni kuldpruunini, 25 kuni 30 minutit. Serveeri kuumalt.

27.Rämpsposti kroketid Salsaga

KOOSTISOSAD:
- 1 purk rämpspostiga lõunasöögiliha (12 untsi), helvestatud
- ¾ tassi peent kuiva leivapuru, jagatud
- ⅓ tassi hakitud sellerit
- ⅓ tassi hakitud rohelist sibulat
- 1 muna
- 1 supilusikatäis majoneesi
- 1 spl Wasabi pasta
- ½ tassi hakitud peterselli või koriandrit
- ¼ tassi oliiviõli
- Chi-Chi salsa (serveerimiseks)

JUHISED:
a) Segage suures segamiskausis rämpspost, ¼ tassi riivsaia, hakitud seller, hakitud roheline sibul, muna, majonees, Wasabi pasta ja hakitud petersell või koriander. Sega hästi, kuni kõik koostisosad on ühtlaselt segunenud.
b) Kuumuta oliiviõli suurel pannil keskmisel-kõrgel kuumusel.
c) Asetage ülejäänud ½ tassi leivapuru madalasse nõusse.
d) Võtke umbes 2 supilusikatäit rämpsposti segu ja vormige see umbes ½ tolli paksuseks pätsiks.
e) Katke vormitud pätsike riivsaiaga, veendudes, et see oleks igast küljest täielikult kaetud.
f) Prae kaetud pätsi kuumas õlis, kuni see muutub mõlemalt poolt kuldpruuniks, umbes 2-3 minutit mõlemalt poolt. Prae kroketid partiidena, et vältida panni ülerahvastatust.
g) Eemaldage küpsenud kroketid pannilt ja asetage need paberrätikutega kaetud taldrikule, et liigne õli välja voolaks.
h) Serveerige rämpsposti kroketid soojalt koos Chi-Chi salsaga. Need soolased ja krõbedad kroketid on maitsvad eelroad või suupisted igaks puhuks. Nautige!

VÕILEIVAD JA BURGERID

28. Kitsejuustu täidisega guacamole burgerid

KOOSTISOSAD:
KARAMELLISEERITUD SIBUL:
- 2 supilusikatäit oliiviõli
- 2 supilusikatäit soolata võid
- 2 suurt Vidaliat või magusat sibulat, viilutatud
- ¼ teelusikatäit soola
- 1 supilusikatäis pruuni suhkrut

GUACAMOLE:
- 2 küpset avokaadot, püreestatud
- 2 supilusikatäit värskelt hakitud koriandrit
- 2 supilusikatäit tükeldatud magusat sibulat
- ½ jalapeño pipart, seemnetest puhastatud ja kuubikuteks lõigatud
- ¼ teelusikatäit soola
- ¼ teelusikatäit pipart
- 1 laimi mahl

TANGY BBQ MAYO:
- ½ tassi majoneesi
- 3 supilusikatäit BBQ-kastet
- 2 tl Wasabi pasta

KITSEJUUSTU TÄIDIS BURGERID:
- 1 nael veisehakkliha
- 1 tl soola
- 1 tl pipart
- ½ tl küüslaugupulbrit
- 6 untsi külma kitsejuustu, lõigatud ½ tolli paksusteks viiludeks (see on hea, kui need veidi murenevad)
- 1 supilusikatäis oliiviõli
- 1 supilusikatäis soolata võid
- 4 untsi teravat cheddari juustu
- 2 tassi kevadist rohelist
- 4 Hawaii rullkuklit, röstitud

JUHISED:
a) Kuumuta suur pann madalal kuumusel. Lisa oliiviõli ja või. Kui see on sulanud, lisage sibul ja sool, segage hästi, et see kataks. Kata kaanega ja lase 25–30 minutit küpseda, sageli segades, kuni need muutuvad kuldseks ja pehmeks.
b) Sega juurde fariinsuhkur ja küpseta veel 10 minutit.
c) Sega kõik guacamole koostisained hästi segunemiseni. Maitse ja vajadusel maitsesta.
d) Klopi majoneesi, BBQ-kaste ja Wasabi Paste omavahel hästi kokku.

KITSEJUUSTU TÄIDIS BURGERID:
e) Asetage veisehakkliha suurde kaussi ja maitsestage soola, pipra ja küüslaugupulbriga. Sega õrnalt katteks, seejärel jaga veiseliha neljaks võrdseks osaks.
f) Võtke iga portsjon ja vormige sellest kaks pätsi – üks ülemise ja teine alumise jaoks. Aseta kitsejuustu viil ühe pätsi keskele ja kata see teise pätsiga, vajutades õrnalt servi, et kitsejuust sees oleks. Korrake ülejäänud veiseliha osadega.
g) Kuumuta pann keskmisel-kõrgel kuumusel ning lisa oliiviõli ja või. Küpseta burgerid soovitud küpsusastmeni (vähemalt 4 minutit mõlemalt poolt, et saaksite keskmiselt hästi, kuid pidage meeles, et sees on kitsejuust). Üks minut enne nende valmimist asetage peale mõned cheddari viilud.
h) Burgerite kokkupanemiseks määri alumisele kuklile paar supilusikatäit guacamolet ja aseta burger peale. Kõige peale lisa karamelliseeritud sibul, BBQ-majonees ja kevadised rohelised. Serveeri kohe!
i) Nautige oma maitsvaid kitsejuustu Guacamole burgereid Cheddari ja karamelliseeritud sibulaga!

29. Grillitud juust artišokkidega

KOOSTISOSAD:
- 2 tl Wasabi pasta
- 8 untsi võileivarullid, (4 rulli) poolitatud ja röstitud
- ¾ untsi rasvata Ameerika juustu viilud (8 viilu)
- 1 tass viilutatud nõrutatud konserveeritud artišokisüdameid
- 1 tomat, viilutatud ¼ tolli paksusteks
- 2 spl Õlivaba Itaalia kastet

JUHISED:
a) Määri ½ tl Wasabit iga rulli ülemisele poolele; kõrvale panema.
b) Aseta rullide alumised pooled ahjuplaadile.
c) Tõsta mõlemale 2 juustuviilu, ¼ tassi viilutatud artišokki ja 2 tomativiilu; nirista igale poole 1-½ teelusikatäit kastet.
d) Hauta 2 minutit või kuni juust sulab. Kata rullide tippudega.

30. Gurmee kuum sink ja juust

KOOSTISOSAD:
- 2 suurt sarvesaia
- 4 viilu sinki
- 4 viilu Šveitsi juustu
- 1 spl Wasabi pasta
- 1 spl mett
- 1 spl soolata võid
- Värske petersell, hakitud (valikuline)

JUHISED:
a) Kuumuta ahi temperatuurini 375 ° F.
b) Lõika sarvesaiad pikuti pooleks.
c) Määri ½ supilusikatäit Wasabi Paste't iga sarvesaia alumisele poolele.
d) Tõsta Wasabi peale 2 viilu sinki ja 2 viilu Šveitsi juustu.
e) Nirista juustule ½ supilusikatäit mett.
f) Sulge croissant ülemise poolega.
g) Sulata ½ supilusikatäit võid mittenakkuval pannil keskmisel kuumusel.
h) Aseta sarvesaiad pannile ja küpseta 1-2 minutit mõlemalt poolt või kuni juust on sulanud ja sarvesaiad on kuldpruunid.
i) Tõsta sarvesaiad ahjuplaadile.
j) Küpseta eelkuumutatud ahjus 5-7 minutit või kuni sarvesaiad on läbi kuumenenud.
k) Võta ahjust välja ja lase minut jahtuda.
l) Puista sarvesaiadele, kui kasutad, hakitud peterselli.
m) Serveeri ja naudi oma maitsvat Gurmee kuum sink ja juust Croissanti!

31. Kinoa ja maguskartuli burger

KOOSTISOSAD:
- 3 keskmist maguskartulit, küpsetatud
- 2 muna
- 1 tass kikerhernejahu
- 1 tl tšillipulbrit
- 1 spl täistera Wasabi pasta
- 1 spl pähklivõid või muud pähklivõid
- ½ sidruni mahl
- 1 näputäis meresoola
- 200 g kinoat
- Maapähkliõli, praadimiseks
- Mädarõika hapukoor
- 3 supilusikatäit peeneks riivitud mädarõigast
- 1¼ tassi hapukoort
- meresool

SERVEERIMA
- 6 burgeri kuklit, poolitatud
- võid kuklite jaoks
- peeneks viilutatud punane Aasia šalottsibul
- peeneks hakitud murulauk

JUHISED:
a) Poolita kartulid pikuti ja kraabi lusikaga sisemus välja.
b) Sega munad köögikombainis ja sega juurde bataat, kikerhernejahu, tšillipulber, Wasabi, pähklivõi, sidrunimahl ja sool. Lisa kinoa.
c) Kasutades segust peotäis korraga, vormi ümmargused pätsikesed.
d) Sega kausis kokku sool, mädarõigas ja hapukoor.
e) Grilli pätsikesi keskmisel kuumusel paar minutit mõlemalt poolt.
f) Määri kuklite lõikepinnad võiga ja grilli need kiiresti.
g) Aseta iga kukli põhjale burger ja kata see mädarõika-hapukoore, šalottsibula ja murulauguga.

32. Avokaado köögiviljaburgerid

KOOSTISOSAD:
- 1 keskmise suurusega avokaado; südamik ja kooritud
- 1 tass keedetud sojaube
- ½ sibul; kuubikuteks lõigatud
- 1 tl Wasabi pasta
- 1 spl Tomatipüree
- Soola maitse järgi
- Täisterast leivapuru

JUHISED:
a) Sega blenderis või köögikombainis kõik koostisained peale riivsaia; blenderda ühtlaseks.

b) Pane segu kaussi ja lisa riivsaia, kuni segu kleepub piisavalt kokku, et sellest saaks 2 burgerikujulist pätsi.

c) Prae pätsikesed soojendatud rapsiõlis, kuni need on pruunistunud.

d) Serveeri kuumalt burgerirullil koos salati, viilutatud tomati või viilutatud sibulaga.

33. Wasabi Tempeh tacos

KOOSTISOSAD:
- Õli, pannile
- 1 pakk (8 untsi) tempeh
- 1¾ tassi magustamata riisipiima
- 1 spl Wasabi pasta
- 1 spl sojakastet või tamari ½ tl paprikat
- 2 spl dulse helbeid
- 1 spl toitainepärmi ¼ tassi maisijahu
- 13. tass panko-stiilis riivsaia
- 1 spl noolejuure-maisitortillasid tacode jaoks
- 1 avokaado, viilutatud

JUHISED:

a) Kuumuta ahi 350 kraadini F. Pihustage küpsetusplaat õliga. Lõika tempeh 2-tollisteks ja ½-tollisteks paksusteks tükkideks. Klopi märjad ained omavahel läbi ja tõsta kõrvale.

b) Pane kuivained köögikombaini ja vahusta paar korda, kuni segu on peeneks jahuseks. Asetage väikesesse kaussi. Kastke iga tempehi tükk riisipiimasegus ja segage seejärel riivsaiaseguga.

c) Asetage küpsetusplaadile kolmes reas, umbes tolli kaugusel. Piserdage tükkidele õli, seejärel küpsetage 15 minutit. Pöörake ja küpsetage veel 15 minutit.

d) Serveeri kohe maisitortiljas koos viilutatud avokaado ja mango-virsiku salsaga.

34. Soola ja äädikaga purustatud kanaburger

KOOSTISOSAD:
- 4 saia saia pooleks lõigatud
- ⅓ tassi tšilli majoneesi
- 8 lehte võisalatit
- 8 viilu teravat vintage cheddari juustu
- 2 küpset tomatit
- ½ väikest punast sibulat, õhukesteks viiludeks viilutatud
- 4 tervet tilli hapukurki, viilutatud

KANA PUDUDE KOHTA:
- 2 kanarinda
- ½ tassi õunasiidri äädikat
- 1 spl Wasabi pasta
- 100 g soola ja äädika laastud
- 1 ½ tassi panko riivsaia
- 2 spl seesamiseemneid
- ⅓ tassi tavalist jahu
- 2 muna, kergelt lahtiklopitud
- Taimeõli madalaks praadimiseks

JUHISED:
VALMISTA PUUDUNUD KANA:
a) Viilutage iga kanarind horisontaalselt, et moodustada 4 õhukest tükki. Asetage need kaussi õunasiidri äädika, Wasabi pasta, ½ tl soolahelveste ja värskelt jahvatatud musta pipraga. Viska katteks ja jäta 20 minutiks kõrvale marineerima.

KATETE ETTEVALMISTAMINE:
b) Aseta soola- ja äädikatükid väikesesse köögikombaini ja pulsi, kuni need on purustatud. Tõsta need keskmisesse kaussi ja lisa panko riivsai ja seesamiseemned. Pange see segu kõrvale. Tõsta tavaline jahu taldrikule ja lahtiklopitud munad eraldi kaussi.

KANA KANA:
c) Eemaldage kana tangide ja ühe tükiga korraga, marinaadist välja, määrige see jahuga, kastke lahtiklopitud munade hulka ja seejärel suruge riivsaia segusse, et see korralikult kataks. Aseta kaetud kanatükid taldrikule. Korrake seda protsessi ülejäänud kana jaoks.

PRAEE KANA:
d) Kuumuta suurel pannil keskmisel-kõrgel kuumusel umbes 1 cm taimeõli. Lisa kanatükid ja küpseta 3-4 minutit mõlemalt poolt või kuni need muutuvad kuldseks ja on läbi küpsenud.
e) Katke iga tükk cheddari juustu viiluga ja küpseta veel 30 sekundit või kuni juust veidi sulab. Tõsta küpsenud kana paberrätikutega vooderdatud taldrikule, et liigne õli nõrguks.

KOKKU BURGERID:
f) Lõika saiakesed pooleks ja määri alumised pooled tšillimajoneesiga. Laota iga alumine pool kihiti salati, tomativiilude, krõbeda kanaliha, punase sibula ringide ja hapukurgiviiludega. Tõsta peale teine kuklipool, et saada burger. Serveeri ja naudi!

35. Grillitud singi ja juustu vahvlivõileivad

KOOSTISOSAD:
- 8 külmutatud röstervahvlit
- 1 spl Wasabi pasta
- ½ naela viilutatud deli sinki
- ¼ naela Cheddari, õhukeselt viilutatud
- 4 spl soolata võid

JUHISED:
a) Asetage 4 vahvlit tööpinnale. Määri mõlema üks pool Wasabiga (kui kasutad). Tõsta peale sink, juust ja ülejäänud vahvlid.
b) Määri iga võileiva ülaosa ½ supilusikatäie võiga. Sulata ülejäänud või suurel mittenakkuval pannil keskmisel kuumusel. Asetage võileivad pannile, võiga määritud pool ülespoole.
c) Küpseta, aeg-ajalt spaatli tagaosaga vajutades, kuni juust sulab ja vahvlid on kuldsed, mõlemalt poolt 3–4 minutit.

36. Mini-kanasalati võileivad

KOOSTISOSAD:
- 12 minisarvesaia või väikest saiakest
- 2 tassi keedetud kanarinda, tükeldatud või kuubikuteks lõigatud
- ½ tassi majoneesi
- 1 spl Wasabi pasta
- ¼ tassi sellerit, peeneks hakitud
- 2 rohelist sibulat, õhukeselt viilutatud
- Sool ja pipar maitse järgi

JUHISED:
a) Segage kausis tükeldatud või kuubikuteks lõigatud kanarind, majonees, Wasabi pasta, seller ja roheline sibul, kuni need on hästi segunenud.
b) Maitsesta soola ja pipraga maitse järgi.
c) Lõika minisarvesaiad või saiakesed horisontaalselt pooleks.
d) Tõsta iga sarvesaia või rulli alumisele poolele lusikaga rikkalik kogus kanasalatit.
e) Aseta sarvesaia ülemine pool või rulli täidisele.
f) Kinnitage minivõileivad soovi korral hambaorkidega.
g) Serveeri ja naudi neid maitsvaid kanasalativõileibu.

37. Wasabi Cubanos

KOOSTISOSAD:
- 4 (6-tollist) kangelaserulli
- ¼ tassi (½ pulka) soolata võid, toatemperatuuril
- 4 tl Wasabi pasta
- ¼ tassi majoneesi (poest ostetud või omatehtud)
- ½ naela õhukeselt viilutatud Šveitsi juustu
- 1 tass kurnatud Pour-Over marineeritud kurki või õhukeseks viilutatud tillihapukurki
- ½ naela õhukeselt viilutatud seaprae abajääk (umbes 6 viilu)
- ½ naela õhukeselt viilutatud prosciutto cotto

JUHISED:
a) Või leib. Lõika rullid horisontaalselt pooleks. Määri iga poole väliskülg võiga. Aseta lehtpannile, lõikepool üleval.
b) Ehitage võileib. Määri iga rulli põhja 1 tl Wasabiga ja iga rulli peal 1 spl majoneesi. Lõika juustuviilud pooleks ja jaga rullipõhjade vahel. Tõsta peale hapukurgi, seaprae ja singikiht. Katke rullikutega.
c) Pruunista võileivad. Kuumuta suur malmpann keskmisel madalal kuumusel kuumaks. Partiidena töötades tõsta vajadusel võileivad ettevaatlikult pannile. Kata alumiiniumfooliumiga ja aseta peale suur raske pott.
d) Küpseta, aeg-ajalt potti alla vajutades, 4–5 minutit, kuni põhjad on kuldpruunid ja krõbedad.
e) Keerake võileivad ümber ja asetage alumiiniumfoolium ja raske pott tagasi.
f) Küpseta 4–5 minutit, kuni teine pool on kuldpruun ja juust täielikult sulanud. Tõsta lõikelauale ja lõika võileivad viltu pooleks.
g) Tõsta serveerimisnõudele ja serveeri.

38. Mini singi ja juustu liugurid

KOOSTISOSAD:
- 12 mini kuklit või õhtusöögirulli
- 12 viilu sinki
- 12 viilu juustu (nt Cheddari, Šveitsi või Provolone juustu)
- 2 supilusikatäit Wasabi pasta
- 2 supilusikatäit majoneesi
- 2 spl võid, sulatatud
- ½ tl küüslaugupulbrit
- ½ tl mooniseemneid (valikuline)

JUHISED:
a) Kuumuta ahi temperatuurini 350 °F (175 °C).
b) Lõika kuklid või õhtusöögirullid horisontaalselt pooleks.
c) Määri iga kukli alumisele poolele Wasabi pasta ja ülemisele poolele majoneesi.
d) Laota iga kukli alumisele poolele viilutatud sink ja juust.
e) Aseta kukli ülemine pool täidistele, et luua võileibu.
f) Aseta võileivad ahjuvormi.
g) Sega väikeses kausis sulatatud või küüslaugupulbriga. Pintselda seguga võileivapealsed.
h) Soovi korral puista võileibadele mooniseemneid.
i) Kata ahjuvorm fooliumiga ja küpseta 10-15 minutit või kuni juust on sulanud ja kuklid kergelt röstitud.
j) Serveerige neid sooje ja juustuvaid singi- ja juustutükke.

39. Päikesekuivatatud tomati ja tuunikala salativõileib

KOOSTISOSAD:
- 2 viilu leiba
- 1 purk tuunikala, nõrutatud
- 2 spl tükeldatud päikesekuivatatud tomateid
- 1 spl majoneesi
- 1 tl Wasabi pasta
- Sool ja pipar maitse järgi

JUHISED:
a) Segage väikeses kausis tuunikala, majonees, Wasabi pasta, sool ja pipar.
b) Lisa ühe leivaviilu peale päikesekuivatatud tomatid.
c) Määri tuunikala segu päikesekuivatatud tomatite peale.
d) Tõsta peale teine saiaviil.

40. Mini munasalati võileivad

KOOSTISOSAD:
- 12 viilu minikokteilleiba või näpuvõileibu
- 4 kõvaks keedetud muna, tükeldatud
- 2 supilusikatäit majoneesi
- 1 tl Wasabi pasta
- Sool ja pipar maitse järgi
- Värske murulauk, hakitud (kaunistuseks)

JUHISED:
a) Sega kausis tükeldatud kõvaks keedetud munad, majonees, Wasabi pasta, sool ja pipar. Sega hästi.
b) Määri munasalati segu pooltele saiaviiludele.
c) Puista peale hakitud värsket murulauku.
d) Tõsta peale ülejäänud leivaviilud, et luua minivõileibu.
e) Kärbi servad ja lõika väikesteks ruutudeks või ristkülikuteks.

41. Grillitud Jack rukkilkoos Wasabiga

KOOSTISOSAD:
- 2 spl rohelise oliivi tapenaadi
- 3 supilusikatäit mahedat Wasabi pasta
- 8 viilu seemnetega rukkileiba
- 8-10 untsi Jacki juustu või muud mahedat valget juustu (nt Havarti või Edam), viilutatud
- Oliiviõli leiva pintseldamiseks

JUHISED:
a) Sega tapenaad väikeses kausis Wasabiga.
b) Laota leib ja määri 4 viilu ühele küljele ainult tapenaadiga Wasabi maitse järgi. Tõsta peale juust ja teine saiatükk, seejärel suru korralikult kokku.
c) Pintselda iga võileiva välispinda kergelt oliiviõliga, seejärel pruunista võileivamasinas, paninipressis või tugevas mittenakkuvas pannil, alla kaalutudvajutada võileibu, kui need pruunistuvad.
d) Küpseta keskmisel-kõrgel kuumusel, kuni see on väljast kergelt krõmpsuv ja juust sulab sees.
e) Serveeri kuumalt ja särisevalt, kuldpruunilt.

42. Päikesekuivatatud tomati ja kalkuni võileib

KOOSTISOSAD:
- 2 viilu leiba
- 3-4 viilu kalkuniliha
- 2 spl tükeldatud päikesekuivatatud tomateid
- 1 spl majoneesi
- 1 tl Wasabi pasta
- Sool ja pipar maitse järgi

JUHISED:
a) Sega väikeses kausis kokku majonees, Wasabi pasta, sool ja pipar.
b) Määri segu ühele saiaviilule.
c) Lisa peale kalkun ja päikesekuivatatud tomatid.
d) Tõsta peale teine saiaviil.

43. Grillitud juust suitsukalkuni ja avokaadoga

KOOSTISOSAD:

- 3 untsi täispiima mozzarellat
- ½ Tahke küps California avokaado
- 2 supilusikatäit soolata võid; pehmendatud
- 4 viilu Kindel pumpernikkel
- 1 spl Wasabi pasta
- 6 untsi õhukeselt viilutatud suitsukalkunit
- Saab valmistada 45 minutiga või vähem.

JUHISED:

a) Määri iga saiaviilu üks pool võiga ja keera viilud ümber.
b) Määri Wasabi saiaviiludele ja peale 2 viilu mozzarella, avokaado ja kalkunilihaga.
c) Maitsesta kalkun soola ja pipraga ning tõsta peale ülejäänud 2 leivaviilu, võiga määritud küljed ülespoole.
d) Kuumuta raske pann mõõdukal kuumusel kuumaks, kuid mitte suitsevaks ja küpseta võileiba, kuni leib on krõbe ja juust sulanud, mõlemalt poolt umbes 1½ minutit.
e) Serveeri võileibu kurgisalatiga.

44. Grillitud Pumpernickel ja Gouda

KOOSTISOSAD:
PETERSELL-TARAGON Wasabi
- 3 supilusikatäit täistera Wasabit
- 3 supilusikatäit mahedat Wasabi pasta
- 2 spl hakitud värsket lamedate lehtedega petersell
- 1 spl hakitud värsket estragoni
- 1 väike küüslauguküüs, hakitud
- Maitse järgi paar tilka punase või valge veini äädikat

VÕILEIVAD
- 8 viilu pehmet tumedat pumpernikkelleiba
- 8 untsi laagerdunud Gouda, Manchego või sarnase pähklise laagerdunud juustu
- Pehme või või oliivõli leiva pintseldamiseks

JUHISED:
a) Peterselli-estragon Wasabi valmistamiseks: Sega väikeses kausis täistera- ja Wasabipastad ning sega hulka petersell, estragon ja küüslauk. Lisa maitse järgi paar tilka äädikat ja tõsta kõrvale.
b) Võileibade valmistamine: Asetage 4 leivaviilu tööpinnale. Lisa kiht juustu, seejärel tõsta peale teine saiatükk. Suru kokku ja määri või pintselda väljastpoolt kergelt võiga.
c) Kuumuta tugevat mittenakkuvat panni või paninipressi keskmisel-kõrgel kuumusel ja lisa võileivad. Kaal sekundigapraepannja alanda kuumust keskmisele-madalale. Küpseta, kuni esimene pool on krõbe ja kuldne, seejärel keera ja küpseta teist poolt, kuni juust on sulanud.
d) Serveeri kohe, kõrvale lisades peterselli-estragoni Wasabi, et soovi korral peale määrida.

45. Grillitud cheddari juustu ja singivõileivad

KOOSTISOSAD:

- ¼ tassi (½ pulga) võid; toatemperatuuril
- 1 spl Wasabi pasta
- 2 tl hakitud värsket tüümiani
- 2 tl hakitud värsket peterselli
- 8 6x4-tollist viilu maalähedast leiba; (umbes ½ tolli paksune)
- ½ naela Cheddari juustu; õhukeselt viilutatud
- ¼ naela Peeneks viilutatud suitsusink
- ½ väikest punast sibulat; õhukeselt viilutatud
- 1 suur tomat; õhukeselt viilutatud

JUHISED:

a) Sega kausis esimesed 4 koostisosa. Maitsesta soola ja pipraga. Laota tööpinnale 4 saiaviilu.

b) Jaga pool juustust võrdselt saiaviilude vahel. Tõsta peale sink, seejärel sibul, tomat ja ülejäänud juust.

c) Üles võileivad ülejäänud leivaga. Määri võileivapealsete ja - põhjade välispind ürdivõiga.

d) Kuumutage suurt mittenakkuvat panni keskmisel kuumusel. Lisa võileivad ja küpseta kuni põhjad on kuldsed umbes 3 minutit.

e) Pöörake võileivad ümber, katke pann ja küpseta, kuni juust sulab ja leib on kuldne, umbes 3 minutit.

PÕHIROOG

46. Jaapani Wasabi Gnocchi

JUHISED:
- 2 tassi kartulipüree
- soola ja pipart maitse järgi
- ¾ Tassi külmutatud rohelisi herneid, sulatatud
- 1 suur muna
- 2 tl hakitud küüslauku
- 2 tassi universaalset jahu, jagatud
- 1 tl hakitud värsket ingverijuurt
- 1 tl wasabi pasta

JUHISED:

a) Lisa köögikombainis kartulid, herned, küüslauk, ingver, wasabi, sool ja pipar ning puljongi ühtlaseks.

b) Lisa muna ja vahusta, kuni muna on lihtsalt segunenud.

c) Lisa 1 C jahu ja puljongi, kuni see on segunenud.

d) Tõsta kartulisegu kaussi.

e) Lisage aeglaselt ülejäänud jahu segusse ja segage, kuni moodustub kleepuv tainas.

f) Katke kauss kilega ja jahutage külmkapis.

g) Asetage umbes ½ C tainast hästi jahuga kaetud pinnale ja rullige ½-tolliseks köieks.

h) Lõika köis jahuse noaga 1-tollisteks segmentideks.

i) Korrake ülejäänud taignaga.

j) Küpseta gnocchisid suurel pannil kergelt soolaga maitsestatud keevas vees umbes 3 minutit.

k) Nõruta hästi ja serveeri.

47.Wasabi ja pistaatsia küpsetatud kala

KOOSTISOSAD:
- 1 nael Värske või külmutatud kalafileed
- ½ tassi kuiva leivapuru
- ½ tassi tükeldatud kooritud pistaatsiapähklid
- 2 spl riivitud parmesani juustu
- 1 spl hakitud peterselli
- 1 tl Wasabi pulbrit
- Sool ja pipar maitse järgi
- ¼ tassi piima
- 2 spl võid või margariini, sulatatud

JUHISED
a) Lõika kala portsjonisuurusteks tükkideks.
b) Segage madalas tassis leivapuru, ¼ tassi pistaatsiapähklid, juust, petersell, Wasabi, sool ja pipar.
c) Kasta kala piima ja veereta purusegus; aseta madalasse rasvainega määritud ahjuvormi.
d) Nirista üle võiga; puista peale ülejäänud pistaatsiapähklid.

48. Pasta ja spargel sidruniveinikastmes

KOOSTISOSAD:
- 1½ naela pasta; sinu valik
- 1 Täis kanarind; keedetud, julienne
- 10 untsi sparglit; blanšeeritud
- ¼ tassi võid
- ½ väikest sibulat
- 4 spl universaalset jahu
- 2 tassi kuiva valget veini
- 2 tassi Kana puljongit
- 12 tl sidrunikoort
- 1 spl Värsket tüümiani; hakitud
- 1 spl Värsket tilli; hakitud
- 3 supilusikatäit Wasabi pasta
- Sool ja pipar; maitsta
- Parmesani juust; riivitud

JUHISED:
a) Keeda pasta ja hoidke Keeda kanarind ja blanšeeri spargel; hoia. Kuumuta või suures kastrulis keskmisel-madalal kuumusel. Lisa sibul ja prae – kuni see on kergelt pruun ja väga pehme.
b) Lisa jahu ja alanda kuumus madalaks. Segage, kuni see on täielikult segunenud. Vahusta väga vähehaaval juurde valge vein ja puljong.
c) Kuumuta kaste keemiseni ja lase siis 10 minutit podiseda. Sega juurde sidrunikoor, tüümian, till, Wasabi ning maitsesta soola ja valge pipraga. Lisa keedetud ja julienne kana ja spargel.

49. Wasabi veiseliha tempura juurviljapudruga

KOOSTISOSAD:
WASABI VEISE LIHA KOHTA:
- 1 nael veise välisfilee, õhukeselt viilutatud
- 2 spl sojakastet
- 1 spl mirin (Jaapani magus riisivein)
- 1 spl seesamiõli
- 2 tl wasabipastat (kohanda maitse järgi)
- 1 spl taimeõli, toiduvalmistamiseks
- Sool ja pipar, maitse järgi

TEMPURA KÖÖGIVILJADE KOHTA:
- Erinevad köögiviljad (nt paprika, porgand, suvikõrvits ja bataat), õhukesteks viiludeks lõigatud või kangideks lõigatud
- 1 tass universaalset jahu
- ¼ tassi maisitärklist
- ½ tl soola
- 1 tass jääkülma vett
- Taimeõli, praadimiseks

SERVERIMISEKS:
- Keedetud riis või nuudlid
- Sojakaste, dippimiseks

JUHISED:

a) Sega kausis kokku sojakaste, mirin, seesamiõli ja wasabipasta. Lisa veiselihaviilud ja sega, kuni need on hästi kaetud. Lase veiselihal vähemalt 15 minutit marineerida.

b) Eraldi kausis valmista tempuratainas. Segage universaalne jahu, maisitärklis, sool ja jääkülm vesi. Sega, kuni saavutad ühtlase taigna konsistentsi.

c) Tempura köögiviljade jaoks kuumutage taimeõli fritüüris või suures potis umbes 175 °C-ni.

d) Kastke viilutatud või tükeldatud köögiviljad tempura taignasse, veendudes, et need on ühtlaselt kaetud. Laske liigsel taignal maha tilkuda, enne kui asetate need ettevaatlikult kuuma õlisse. Prae köögivilju partiidena umbes 2-3 minutit või kuni need muutuvad kuldseks ja krõbedaks. Eemaldage need lusika või tangide abil õlist ja asetage need paberrätikutega vooderdatud taldrikule, et liigne õli imada.

e) Kuumutage veiseliha küpsetamiseks pannil või pannil keskmisel-kõrgel kuumusel taimeõli. Kui õli on kuum, lisa marineeritud veiselihaviilud (jättes alles üleliigse marinaadi) ja küpseta umbes 2-3 minutit mõlemalt poolt või kuni veiseliha on soovitud küpsuseni küpsenud. Maitsesta soola ja pipraga maitse järgi.

f) Veiseliha küpsemise ajal võid reserveeritud marinaadi väikeses kastrulis keskmisel kuumusel kuumutada, kuni see veidi pakseneb, moodustades kastme.

g) Serveerige wasabi veiseliha koos tempura köögiviljapudruga keedetud riisi või nuudlitega. Nirista veiselihale valmis kastmega ja serveeri tempura köögiviljade kastmiseks mõeldud sojakastmega.

h) Nautige wasabi veiseliha ja krõbeda tempura köögiviljapudru maitsekat kombinatsiooni!

50. Wasabi Peamine ribi

KOOSTISOSAD:

- 1 kondiga veiseribipraad (4-5 naela)
- 1/4 tassi koššersoola
- 2 spl küüslaugupulbrit
- 2 spl kuivatatud rosmariini, purustatud
- 2 spl wasabi pulbrit
- 2 spl võid, pehmendatud
- 1 spl jämedalt jahvatatud pipart
- 1 tl Provence'i ürte

JUHISED:

a) Seadke ahi eelsoojendamiseks temperatuurini 350 °.
b) Tõsta praad restile fooliumiga kaetud ahjupannile, rasvane pool üleval.
c) Sega väikeses kausis Provence'i ürdid, pipar, või, wasabipulber, rosmariin, küüslaugupulber ja sool; hõõruge rösti igast küljest.
d) Rösti, kuni liha on saavutanud soovitud küpsuse (keskmiselt harv 135°, keskmine 140°; keskmise süvendiga 145°), umbes 2 kuni 2-1/2 tundi. Võta ahjust välja ja kata fooliumiga.
e) Enne nikerdamist laske sellel 15 minutit seista.

51. Limoncello glasuuritud sealihakotletid

KOOSTISOSAD:
- 4 kondiga sealihakotlet
- Sool ja pipar maitse järgi
- ¼ tassi Limoncello likööri
- 2 supilusikatäit mett
- 2 supilusikatäit Wasabi pasta
- 1 sidruni koor ja mahl
- Kaunistuseks hakitud värske rosmariin

JUHISED:
a) Eelsoojendage oma grill või ahi keskmiselt kõrgele kuumusele.
b) Maitsesta sealihakotletid soola ja pipraga.
c) Sega väikeses kausis kokku Limoncello, mesi, Wasabi pasta, sidrunikoor ja sidrunimahl.
d) Grillige või röstige sealihakotlette umbes 4–5 minutit mõlemalt poolt, kuni need saavutavad keskmise küpsusastme saavutamiseks 63 °C (145 °F).
e) Pintselda Limoncello glasuuri sealiha karbonaadile küpsemise viimastel minutitel, keerates need ühtlaselt katteks.
f) Tõsta sealihatükid grillilt või ahjust välja ja lase paar minutit puhata.
g) Kaunista hakitud värske rosmariiniga ja serveeri Limoncello glasuuritud sealihakotlette oma lemmiklisanditega.

52. Marineeritud Wasabi veiseliha Tempura köögiviljapudruga

KOOSTISOSAD:
MARINEERITUD WASABI VEISE LISAKS:
- 4 veiseliha steiki
- 100 grammi värskelt jahvatatud musta pipart
- 4 tl Wasabi pasta
- 6 supilusikatäit Sake
- 2 supilusikatäit tuhksuhkrut
- 2 supilusikatäit värsket roosat ingverit või värsket ingverijuurt, peeneks viilutatud
- 200 milliliitrit vett

TEMPURA JUMBLE JUMBLE:
- 1 muna
- 100 grammi tavalist jahu
- 50 grammi maisijahu
- 1 kabatšokk
- ½ väikest baklažaani, pikuti poolitatud
- 1 Porgand, kooritud ja tükeldatud
- 2 kevadist sibulat, lõigatud
- Taimeõli praadimiseks

JUHISED:
MARINEERITUD WASABI VEISE LISAKS:
a) Hõõru praed värskelt jahvatatud musta pipraga ja aseta mõlemalt poolt 4–5 minutiks kuuma grilli alla. Lase 10 minutit puhata, enne kui lõikad õhukesteks ribadeks.
b) Sega kokku wasabipasta, sake, tuhksuhkur ja peeneks viilutatud roosa ingver või värske juuringver. Tõsta see segu lusikaga viilutatud veiseribadele.

TEMPURA JUMBLE JUMBLE:
c) Valmista tempura taigna segu, segades kokku vee ja muna. Jahuta segu.
d) Lõika kõik köögiviljad 8 cm pikkusteks ja 3 mm laiusteks ribadeks. Aseta kabatšokk, baklažaan ja porgand kurn, puista peale soola ja jäta 30 minutiks seisma. Loputage neid põhjalikult külma vee all, seejärel lisage sibulad.
e) Praadimiseks soojendage pann taimeõliga.
f) Segage kõik taigna koostisosad kiiresti kokku, jättes tähelepanuta tükke. Kastke köögiviljad kätega taignasse, veendudes, et tainas ja köögiviljad segunevad üheks liimivaks massiks.
g) Kalla suur supilusikatäis segu eelkuumutatud õlisse ja küpseta pooleldi keerates umbes 3 minutit või kuni tempura muutub kuldpruuniks. Nõruta küpsenud tempura köögipaberil.

SERVEERIMA:
h) Asetage portsjon tempura köögiviljapudrust igale neljale serveerimistaldrikule.
i) Katke tempura marineeritud wasabi veiselihaga.
j) Serveeri koos sojakastmega ja naudi maitsvat marineeritud Wasabi veiseliha koos Tempura Vegetable Jumble'iga!

53. Wasabi kanatiivad Yuzu Mayoga

KOOSTISOSAD:
- 2,2 naela. kanatiivad
- 200 grammi kartulitärklist
- 10 grammi wasabi pulbrit
- 10 grammi suitsutatud soola
- 2 grammi wasabi pulbrit
- 125 ml Jaapani majoneesi
- 2 tl yuzu mahla

JUHISED:
a) Eemaldage tiibade otsad. Seejärel lõigake ülejäänud tiib liitekohast pooleks.
b) Valage vokkpannile õli umbes 7 cm sügavusele. Kuumuta wok keskmisel kuumusel 340 kraadini F ja eelsoojenda ahi 250 kraadini F. Vooderda küpsetusplaat küpsetuspaberiga ja tõsta kõrvale.
c) Sega suures kausis kartulitärklis ja wasabipulber. Töötades korraga 3 või 4 tükiga, viska tiivad kartulitärklise segusse, kuni need on hästi kaetud. Raputa maha üleliigne jahu ja aseta vokkpannile praadima.
d) Prae umbes 8 minutit, seejärel keera kana ümber ja prae teiselt poolt kuni küpsemiseni.
e) Eemaldage tiivad õlist, raputage üleliigne maha ja nõrutage mõnel köögirätikul. Seejärel asetage kana ahjuplaadile ja asetage see ahju soojas hoidmiseks.
f) Korrake ülejäänud kanatiiva tükkidega.
g) Sega väikeses kausis majonees ja yuzu. Tõsta kõrvale ja serveeri tiibadega
h) Sega väikeses kausis suitsusool ja wasabipulber.
i) Kui kõik tiivad on küpsed, puista peale wasabisoola ja serveeri kohe koos yuzu majoneesiga.

54. Porgandi ja suitsulõhe salat

KOOSTISOSAD:
- 2 naela porgandit koos rohelistega, jagatud
- 5 spl siidri äädikat, jagatud
- 1 spl suhkrut
- ⅛ teelusikatäit pluss ¾ tl lauasoola jagatuna
- ¼ tassi ekstra neitsioliiviõli, jagatud
- ¼ teelusikatäit pipart
- 1 punane greip
- 2 spl hakitud värsket tilli
- 2 tl Wasabi pasta
- 2 pead Belgia endiivia (igaüks 4 untsi), poolitatud, südamik ja viilutatud ½ tolli paksuseks
- 8 untsi suitsulõhet

JUHISED

a) Seadke ahjurest madalaimasse asendisse ja soojendage ahi 450 kraadini. Koorige ja raseerige köögiviljakoorijaga 4 untsi porgandit õhukesteks paeladeks; kõrvale panema. Koorige ja viilutage ülejäänud porgandid ¼ tolli paksuselt; kõrvale panema.

b) Mikrolaineahjus ¼ tassi äädikat, suhkrut ja ⅛ teelusikatäit soola kausis keemiseni, 1–2 minutit. Segage sisse hakitud porgandid, seejärel laske aeg-ajalt segades 45 minutit seista. (Nõrutatud marineeritud porgandeid võib külmkapis hoida kuni 5 päeva.)

c) Viska kaussi viilutatud porgandid 1 spl õli, pipra ja ½ tl soolaga ning laota seejärel ühe kihina ääristatud küpsetusplaadile, lõikepool all. Rösti, kuni see on pehme ja põhjad on hästi pruunistunud, 15–25 minutit. Lase veidi jahtuda, umbes 15 minutit.

d) Vahepeal lõigake greibilt ära koor ja säsi. Neljandage greip ja lõigake seejärel risti ¼ tolli paksusteks tükkideks.

e) Vahusta till, Wasabi, ülejäänud 1 supilusikatäis äädikat ja ülejäänud ¼ tl soola suures kausis. Pidevalt vahustades nirista aeglaselt ülejäänud 3 supilusikatäit õli, kuni see on emulgeeritud. Lisage endiivia, porgandiroheline, röstitud porgand, marineeritud porgand ja greip ning segage; maitsesta soola ja pipraga maitse järgi. Aseta lõhe serveerimisvaagna serva ümber, seejärel tõsta salat vaagna keskele. Serveeri.

55. Wasabi ja kurkumikana Tikka

KOOSTISOSAD:
- Lauasool, maitse järgi
- 1 spl ingveri-küüslaugu pasta
- 2 tomatit, peeneks hakitud
- 2 supilusikatäit wasabikastet
- ½ tl punase tšilli pulbrit
- ¼ teelusikatäit kurkumipulbrit
- 1 punane sibul, peeneks hakitud
- ½ tl kana tikka vürtsisegu
- 3 supilusikatäit taimeõli
- ¾ tassi rasket koort

JUHISED:
a) Kuumutage pannil taimeõli.
b) Lisa sibul ja küpseta 8 minutit või kuni see on hästi pruunistunud.
c) Pärast ingveri-küüslaugupasta lisamist küpseta veel minut.
d) Lisa tomatid ja küpseta 8 minutit või kuni tomatid on pehmed.
e) Prae 1 minut pärast punase tšilli, kurkumi, soola ja vürtsisegu lisamist.
f) Lisa wasabi teriyaki kaste ja sega ühtlaseks.
g) Pärast koore lisamist küpseta umbes 2 minutit.
h) Sega kana Tikka hoolikalt sisse.
i) Küpseta 2 minutit.

56. Wasabi austrid

KOOSTISOSAD:
- 12 väikest Vaikse ookeani austrit, koorega
- 2 spl. valge veini äädikas
- 8 untsi valget veini
- 1/4 tassi šalottsibulat, hakitud
- 2 spl. wasabi sinep
- 1 spl. sojakaste
- 1 tass soolata võid, kuubikuteks
- 1 tass hakitud koriandri lehti
- Sool ja must pipar maitse järgi

JUHISED:
a) Sega kastrulis keskmisel kuumusel valge veini äädikas, vein ja šalottsibul. Hauta, kuni vedelik on veidi vähenenud. Lisa segades wasabisinep ja sojakaste.
b) Vahusta madalal kuumusel järk-järgult või. Ärge laske segul keema tõusta. sega hulka koriander ja tõsta tulelt.
c) Küpseta austreid, kuni kestad lihtsalt avanevad. Eemaldage austrid pelletigrillilt ja lõigake sidelihas ülemise kesta küljest ära,
d) Suru iga austri (koorega) jämesoola sisse, et see püsti püsiks, seejärel lusikaga igaühe peale 1-2 tl wasabi-võikastet ja serveeri kohe.

57. Rohelise tee aurudega grillitud Wasabiga niristatud rannakarbid

KOOSTISOSAD:
- Lahtised rohelise tee lehed, näiteks bancha või hojicha
- 1 tass rohelise tee Ponzu kastet
- 1 tass tamari- või sojakastet
- talisibul (rohelised ja valged osad), peeneks hakitud
- 1 spl riivitud värsket ingverit
- 1 suure sidruni riivitud koor ja mahl 1 väikese laimi riivitud koor ja mahl
- ¾ unts kombu (kuivatatud pruunvetikas), tükkideks rebitud
- 2 naela rannakarbid, habemeta ja kooritud
- 3 tl wasabipastat

JUHISED:

a) Leota teelehti 30 minutit külmas vees.

b) Süütage grill otse keskmise kuumusega, umbes 350¼F, suitsuga. Kombineerige ponzu kaste, tamari, talisibul, ingver, sidrunikoor ja -mahl, laimikoor ja -mahl ning kombu ühekordselt kasutataval alumiiniumpannil, mis on piisavalt suur, et hoida rannakarbid ühe kihina (või peaaegu ühe kihina). Lisa pannile rannakarbid.

c) Lisage leotatud teelehed grillile nagu hakkepuitu. Pange rannakarpide pann otse tulele, sulgege kaas ja küpseta, kuni rannakarbid avanevad, 15–20 minutit, lusikaga paar korda vedelikku rannakarpide peale.

d) Eemaldage rannakarbid vedelikust ja viige need madalatesse kaussidesse, visates ära kõik rannakarbid, mis ei avane.

e) Kurna vedelik läbi marli teise kaussi. Vala 1 tass kurnatud vedelikku kaussi ja sega hulka wasabipasta. Ülejäänud kurnatud vedelik kalla rannakarpidele. Nirista peale wasabi segu ja serveeri.

58.Lõhevõileivad Wasabiga

KOOSTISOSAD:

- ½ tl wasabipastat
- 2 tassi (14,75 untsi purki) konserveeritud Alaska looduslikku lõhet, nõrutatud
- 8 õhukest viilu 100% täisteraleib, röstitud
- 4 õhukest viilu punast sibulat
- 4 õhukest rõngast punane paprika
- 4 tl viilutatud marineeritud ingverit
- 1 tass rukolat

JUHISED:

a) Sega kokku majonees ja ¼ teelusikatäit wasabipastat ning sega ühtlaseks massiks. Soovi korral lisa oma maitse järgi veel wasabit. Murra lõhe õrnalt sisse.

b) Asetage 4 leivaviilu tööpinnale ja lisage igale poole tassi lõhesegu, 1 rõngasteks eraldatud sibulaviilu, 1 piprarõngas, 1 tl ingverit ja ¼ tassi rukolat. Tõsta peale ülejäänud 4 leivaviilu.

59. Praetud Wasabi-tuunikala

KOOSTISOSAD:
- 6-untsised tuunikala pihvid
- 1 1/4 tassi valget veini
- 1 tass koriandri lehti
- 1 tass soolata võid
- 1/4 tassi šalottsibulat, hakitud
- 2 spl. valge veini äädikas
- 1 spl wasabi pasta
- 1 spl sojakastet
- 1 spl oliiviõli
- soola ja pipart maitse järgi

JUHISED:
a) Sega keskmisel kuumusel kastrulis vein, veiniäädikas ja šalottsibul. Hauta, et vähendada umbes 2 supilusikatäit. Kurna šalottsibul välja ja visake ära.
b) Lisage segule wasabi ja sojakaste ning vähendage eelistatud puidugraanulit. Lisa segades aeglaselt või, kuni see on põhjalikult segunenud. Sega juurde koriander ja tõsta tulelt. Kõrvale panema.
c) Pintselda tuunikala pihve oliiviõliga. Maitsesta soola ja pipraga ning aseta grillile.
d) Grillige 90 sekundit, seejärel keerake ja jätkake grillimist veel 90 sekundit.

60.Wontoni salat krevettidega

KOOSTISOSAD:
- 4 tassi segatud rohelisi
- ½ tassi keedetud krevette
- ½ tassi kuubikuteks lõigatud kurki
- ½ tassi viilutatud kirsstomateid
- ¼ tassi kuubikuteks lõigatud punast sibulat
- ¼ tassi viilutatud redis
- 8 wontoni ümbrist, praetud ja tükeldatud

RIIDEMINE:
- 3 supilusikatäit oliiviõli
- 2 spl palsamiäädikat
- 1 tl Wasabi pasta
- 1 tl mett
- Sool ja pipar maitse järgi

JUHISED:

a) Segage suures kausis segatud rohelised, keedetud krevetid, kuubikuteks lõigatud kurk, viilutatud kirsstomatid, kuubikuteks lõigatud punane sibul ja viilutatud redis.
b) Kastme valmistamiseks vispelda väikeses kausis kokku oliiviõli, palsamiäädikas, Wasabi pasta, mesi, sool ja pipar.
c) Vala kaste salatile ja sega ühtlaseks.
d) Kõige peale hakitud praetud wontonid.
e) Serveeri kohe.

61. Toores söestunud tuunikala rohelise tee ponzu kastmega

KOOSTISOSAD:
- 2 spl marineeritud (sushi)ingverit, peeneks hakitud
- 1 õhuke sibul (rohelised ja valged osad), peeneks hakitud
- 1 küüslauguküüs, hakitud
- ¾ naela tuunikala pihve, paksusega 2 tolli
- ¾ supilusikatäit röstitud seesamiõli
- ¾ supilusikatäit sinep Wasabi Rub
- ¾ supilusikatäit seesamiseemneid
- 1 tass rohelise tee Ponzu kastet

JUHISED:
a) Süütage lehtpuusöel otse kõrge kuumuse saamiseks, umbes 475¼F.
b) Kombineerige marineeritud ingver, talisibul ja küüslauk väikeses tassis. Sisestage õhukese teraga nuga horisontaalselt tuunikalapihvidesse kolm või neli korda, luues pilud, mis lähevad otse tuunikalapihvide keskele. Täida pilud ingveri seguga.
c) Määri tuunikala pihvid üleni seesamiõliga.
d) Segage hõõrutud ja seesamiseemned fooliumile või kilele ning katke tuunikala pihvide servad (mitte pealmised ja põhjad) seguga.
e) Muutke söepeenar võimalikult ühtlaseks ja puhuge liigne tuhk fööni, lehepuhuri või ventilaatoriga ära.
f) Asetage praed otse kuumadele sütele ja grillige, kuni põhjad on kergelt söestunud, umbes 1½ minutit.
g) Pöörake pika varrega tangidega, eemaldades pinnale kinni jäänud söed, ja grillige 1½ minutit teisel küljel. Keskus peaks jääma toores. Eemaldage lõikelauale.
h) Lõika tera vastu ¼–½ tolli paksusteks viiludeks ja serveeri koos ponzu kastmega.

62. Krevettide ja suvikõrvitsa lihaleib

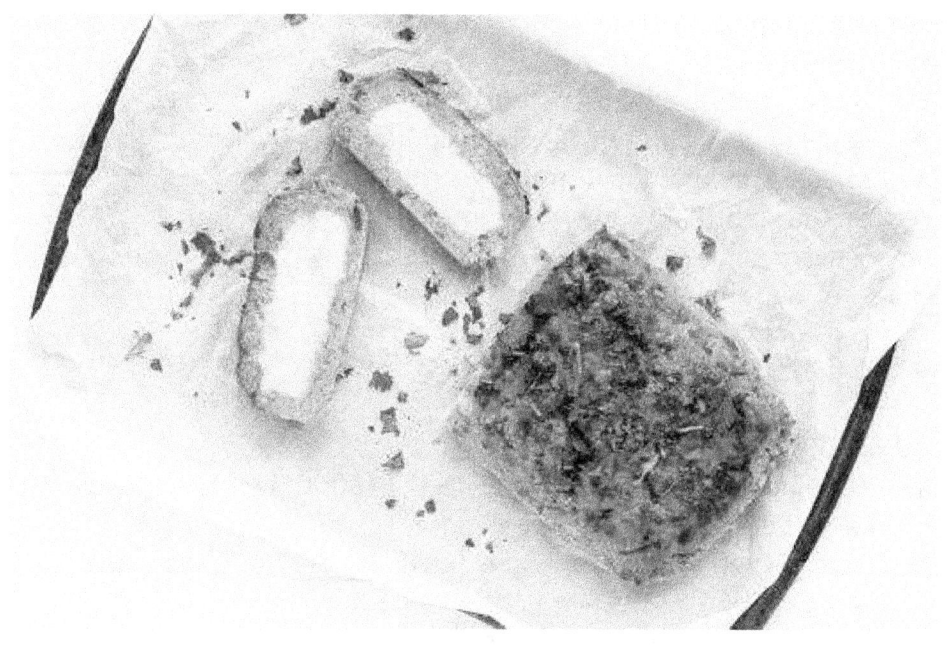

KOOSTISOSAD:
- 1 kilo krevette, kooritud ja tükeldatud
- 2 tassi riivitud suvikõrvitsat, pressitud liigse niiskuse eemaldamiseks
- 1 tass riivsaia
- ¼ tassi peeneks hakitud sibulat
- 2 spl peeneks hakitud värsket basiilikut
- 2 küüslauguküünt, hakitud
- 2 muna, lahtiklopitud
- ¼ tassi majoneesi
- 1 spl Wasabi pasta
- ½ tl soola
- ¼ tl musta pipart

JUHISED:
a) Kuumuta ahi temperatuurini 375 °F (190 °C) ja määri pätsivorm kergelt õliga.
b) Pista krevetid köögikombainis peeneks hakitud. Tõsta suurde kaussi.
c) Lisa krevettidega kaussi riivitud suvikõrvits, riivsai, sibul, basiilik, küüslauk, munad, majonees, Wasabi pasta, sool ja must pipar. Sega hästi, kuni kõik koostisosad on ühtlaselt segunenud.
d) Tõsta segu ettevalmistatud leivavormi ja vormi sellest päts.
e) Küpseta eelsoojendatud ahjus umbes 45–50 minutit või kuni sisetemperatuur jõuab 63 °C-ni (145 °F).
f) Lase lihaleival enne viilutamist paar minutit jahtuda. Serveeri soojalt.

63.Krabiliha salat ja Wasabi kaaviar Vol-au-Tuuled

KOOSTISOSAD:
- 6 supilusikatäit majoneesi
- 2 tl Wasabi pastat või pulbrit
- 1 nael Jumbo tükikrabiliha, puhtaks korjatud
- 2 spl Wasabi kaaviari, lisaks veel kaunistuseks
- Sool ja valge pipar, maitse järgi
- 1 lehttaignaleht, alates 17 untsist. pakett
- 1 suur muna
- 2 spl Piima

JUHISED:
Krabilihasalati jaoks:
a) Segage suures kausis majonees, wasabipasta või pulber ja suur tükike krabiliha. Voldi õrnalt sisse wasabi kaaviar. Maitsesta soola ja valge pipraga. Tõsta serveerimiseks külmkappi.

Vol-au-Vent kestade jaoks:
b) Kuumuta ahi 400 kraadini F. Sulatage kondiitritainas tootja juhiseid järgides. Vahusta väikeses kausis muna ja piim; kõrvale panema. Vooderda kaks ahjuplaati küpsetuspaberiga; kõrvale panema.
c) Kergelt jahusel pinnal looge 1-tollise kondiitrilõikuriga 36 ringi. Tee ringide keskele süvendid ilma tainast läbi lõikamata. Pintselda ringid munapesuga. Küpseta ettevalmistatud küpsetusplaatidel, kuni need kerkivad ja muutuvad kuldpruuniks, umbes 10–12 minutit.
d) Tõsta küpsetatud ringid restile jahtuma. Lükake süvendiga keskosa õrnalt õõnsusse ja eemaldage see, et moodustada kest. Vajadusel kasutage keskosa vabastamiseks lõikamisnuga. Tasandage põhi koorimisnoaga, et tagada kesta ühtlane istumine. Korrake ülejäänud kondiitriringidega.

Koostama:
e) Täida ettevalmistatud vol-au-vent kestad krabiliha salati seguga.
f) Kaunista iga täidetud kest täiendava wasabi-kaaviariga.
g) Serveeri ja naudi!
h) Vol-au-Vent Märkus: Vol-au-vent tähendab "tuules lendamist" ja viitab nendele kergetele lehttaigna kestadele.

64. Segatud mereandide salat värske Wasabi vinegretiga

KOOSTISOSAD:
VÄRSKE VASABIVIINIGRETTI KOHTA:
- 2 spl värsket riivitud wasabit (võib asendada 1 spl värske mädarõika ja 2 tl wasabi pulbriga)
- 1 supilusikatäis õhukest sojakastet
- 1 sidruni mahl
- 1 tl Suhkur
- ⅓ tassi rapsiõli
- Sool, maitse järgi

SALATI JAOKS:
- ¼ naela Valitud krabiliha
- 2 pooleks lõigatud homaari saba
- 12 suurt krevetti, kooritud ja tükeldatud
- 4 tassi Mizuna (teatud tüüpi salat)
- 4 küpset roma tomatit, viilutatud
- 1 pakk Daikoni idud

JUHISED:
VÄRSKE VASABIVIINIGRETTI KOHTA:
a) Sega kausis värske riivitud wasabi (või mädarõika ja wasabipulbri segu) sojakastme, sidrunimahla ja suhkruga.
b) Vahusta rapsiõli, kuni vinegrett on hästi segunenud. Maitsesta maitse järgi soolaga.

SALATI JAOKS:
c) Küpseta homaari sabasid ja krevette, kuni need on läbi küpsenud ega ole enam läbipaistvad. Sõltuvalt oma eelistustest saate neid keeta või grillida. Pärast küpsetamist laske neil jahtuda.
d) Kui mereannid on jahtunud, tükeldage homaari sabad suupärasteks tükkideks.
e) Segage suures kausis tükeldatud homaari sabad, korjatud krabiliha ja kooritud krevetid.
f) Lisa mereandidega kaussi mizuna (või mõni eelistatud salatiroheline) ja viilutatud roma tomatid.
g) Valage valmistatud värske wasabi vinegrett salatile.
h) Segage kõik koostisosad õrnalt kokku, tagades, et need on vinegretiga korralikult kaetud. Maitse ja vajadusel maitsesta soolaga.
i) Serveerimiseks jaga segatud mereandide salat nelja taldriku vahel.
j) Kaunistage iga salat daikoni idudega, et lisada maitset ja esitlust.
k) Naudi oma värskendavat segatud mereandide salatit värske Wasabi vinegretiga!

65. Tuunikala Carpaccio Wasabi Drizzliga

KOOSTISOSAD:
- 1 nael Sushi-klassi tuunikala
- 1 punane sibul; peeneks kuubikuteks lõigatud
- ¼ tassi värsket maisi; peeneks kuubikuteks lõigatud
- 1 tass Jicama; peeneks kuubikuteks lõigatud
- 1 sidrun; mahlaks pressitud
- 1 laim; mahlaks pressitud
- 1 apelsin; mahlaks pressitud
- 1 hunnik murulauku
- ½ tassi Wasabi pulbrit
- 1 tass vett

JUHISED:

a) Lõika tuunikala kuueks võrdseks osaks, pintselda õliga vahatatud paberile ja aseta paber iga tuunikalatüki vahele. Purusta lihalõikuriga soovitud suuruseks, seejärel jahuta jääkastis.

b) Lisage keskmises kausis kõik köögiviljad ja kogu sidruni-, laimi- ja apelsinimahl. Laske sellel kõigel 10 minutit leotada. Kurna vedelik välja. Jahuta taldrikud.

c) Eemaldage Carpaccio jääkastist ja eemaldage pealmine vahapaberikiht ning keerake tuunikala taldrikule ja seejärel lusikaga ceviche'i võrdselt kõigi taldrikute vahele.

d) Sega wasabi ja vesi ning asetage need pritspudelisse. Nirista ülevalt.

66. Lõhe ja kinoa, Sriracha salat

KOOSTISOSAD:
- ½ purki (3-4 untsi) looduslikku lõhet, nõrutatud
- 1 tass kinoa, kuumtöötlemata
- 1 tass pooleks viilutatud kirsstomateid
- 1 vars apteegitill
- ½ avokaadot, tükeldatud
- 2 spl Kodune Mayo
- 1 tl wasabi pasta
- ½ tl paprikat
- 1 tl Sriracha

JUHISED:
a) Aja keskmise suurusega kaanega kastrulis keema 1 tass kinoad, 2 tassi vett ja ½ tl soola.
b) Katke kaanega ja laske keema tõusta, keetke umbes 20 minutit või vastavalt pakendi juhistele, kuni kinoa on kerge ja kohev.
c) Lülitage kuumus välja ja laske enne serveerimist kaane all vähemalt 5 minutit seista.
d) Vooderdage lehtpann või klaasnõu fooliumiga ja määrige kergelt oliiviõli või mittenakkuva küpsetusspreiga.
e) Prae kõrgel ahju alumisele kolmandikule asetatud restiga 8-10 minutit või kuni lõhe on küpsenud ja kahvliga kergesti lahti koorub.
f) Segage väikeses tassis kokku majonees, paprika, wasabipasta ja Sriracha, kui kasutate. Tilgutage see kaste lõhesalatisse ja segage lusikaga, kuni see on hästi segunenud.
g) Sega serveerimiskausis apteegitill, tomatid ja avokaado. Lisa kinoa- ja lõhefileed.
h) Serveeri jahutatult.

67. Amaretto glasuuritud sea sisefilee

KOOSTISOSAD:
- 2 naela sea sisefilee
- Sool ja pipar
- 1 spl oliiviõli
- ¼tass amaretto
- ¼tass mett
- ¼tass Wasabi pasta
- 2 spl sojakastet
- 2 küüslauguküünt, hakitud

JUHISED:
a) Kuumuta ahi temperatuurini 375 ° F.
b) Maitsesta sea sisefilee soola ja pipraga.
c) Kuumuta oliiviõli suurel ahjukindlal pannil keskmisel-kõrgel kuumusel.
d) Lisa sea sisefilee ja prae igast küljest pruuniks.
e) Sega väikeses kausis kokku amaretto, mesi, Wasabi pasta, sojakaste ja hakitud küüslauk.
f) Vala glasuur pannil olevale sea sisefileele.
g) Tõsta pann ahju ja küpseta 20-25 minutit, kuni sealiha on läbi küpsenud ja glasuur karamelliseerunud.
h) Eemaldage ahjust ja laske sealihal enne viilutamist 5 minutit puhata.
i) Serveeri kuumalt koos lusikaga üle valatud lisaglasuuriga.

68. Terve meriahven grillitud wasabi koorikus

KOOSTISOSAD:

- 2 spl sinepi-Wasabi hõõruda
- 1 marineeritud (sushi)ingver, peeneks
- 1 tl sidrunikoort
- 1 terve meriahven (umbes naela
- talisibul (rohelised ja valged osad),
- 2 spl rapsiõli
- 1 tl hakitud küüslauku
- 1 tl sojakastet

JUHISED:

a) Süütage grill otsese keskmise kuumusega, umbes 375 ¡F. Eelsoojenda grillplaat või kalakorv otse tule kohal.
b) Sega väikeses kausis wasabi hõõruda ja sidrunikoor ning tõsta kõrvale.
c) Liigse niiskuse ja peente soomuste eemaldamiseks kraapige noa tuhm külg vastu kala nahka, sabast peani.
d) Lõika kolm või neli diagonaalset kaldkriipsu läbi kalaliha mõlemalt poolt kuni luuni. Hõõru kala seest ja väljast õliga, seejärel maitsesta seest ja väljast wasabi hõõrumisega.
e) Kombineeri sushi-ingver, talisibul, küüslauk ja sojakaste ning tõsta kõrvale.
f) Pintselda grillrest ja määri õliga. Õlitage grillplaat või kalakorv ohtralt õliga ja asetage kala alusele või korvi; pane grillile otse tule kohale.
g) Kata kaanega ja küpseta, kuni kala on mõlemalt poolt pruunistunud, kuid keskelt veel kile ja niiske (umbes 130¡F sisetemperatuur), umbes 15 minutit, keerates üks kord. Kui teie grillil on temperatuurinäidik, peaks see jääma umbes 375 ¡F.
h) Serveeri kala koos marineeritud ingveri seguga.

69. Wasabi homaari ja raviooli salat

KOOSTISOSAD:
SALATI JAOKS:
- 8 untsi keedetud homaariliha, tükeldatud
- 8 untsi keedetud juustu ravioolid
- 1 tass kirsstomateid, poolitatud
- 1 tass rukolat või segatud salatirohelist
- ¼ tassi punast sibulat, õhukeselt viilutatud
- ¼ tassi viilutatud musti oliive
- ¼ tassi purustatud fetajuustu (valikuline)
- Kaunistuseks värsked basiilikulehed

RIIDEMISEKS:
- 3 spl ekstra neitsioliiviõli
- 1 spl sidrunimahla
- 1 tl Wasabi pasta
- 1 küüslauguküüs, hakitud
- Sool ja pipar maitse järgi

JUHISED:
a) Küpseta ravioolid vastavalt pakendi juhistele. Nõruta ja tõsta kõrvale jahtuma.
b) Segage suures segamiskausis tükeldatud homaari liha, keedetud ravioolid, kirsstomatid, rukola või segatud salatirohelised, punane sibul ja mustad oliivid. Segamiseks segage õrnalt.
c) Kastme valmistamiseks vispelda väikeses kausis oliiviõli, sidrunimahl, Wasabi pasta, hakitud küüslauk, sool ja pipar.
d) Vala kaste salatile ja sega, kuni kõik koostisosad on kaetud.
e) Soovi korral puista salatile murendatud fetajuustu ja sega uuesti õrnalt läbi.
f) Jaga homaari ja ravioolide salat serveerimistaldrikutele.
g) Kaunista värskete basiilikulehtedega.
h) Serveeri salatit kohe kerge ja värskendava einena.

70. Küpsetatud lõhe ja maguskartul

KOOSTISOSAD:
- 4 lõhefileed, nahk eemaldatud
- 4 keskmise suurusega maguskartulit, kooritud ja lõigatud 1 tolli paksusteks
- 1 tass brokkoli õisikuid
- 4 supilusikatäit puhast mett (või vahtrasiirupit)
- 2 supilusikatäit apelsinimarmelaadi/moosi
- 1 1-tolline värske ingveri nupp, riivitud
- 1 tl Wasabi pasta
- 1 supilusikatäis seesamiseemneid, röstitud
- 2 supilusikatäit soolata võid, sulatatud
- 2 tl seesamiõli
- Sool ja pipar maitse järgi
- Talisibul/sibul, värskelt hakitud

JUHISED:
a) Kuumuta ahi 400 F-ni. Määri ahjuvorm sulatatud soolata võiga.
b) Aseta pannile tükeldatud bataat ja brokoli õisikud. Maitsesta kergelt soola, pipra ja teelusikatäie seesamiõliga. Veenduge, et köögiviljad oleksid kergelt seesamiõliga kaetud.
c) Küpseta kartuleid ja brokolit 10-12 minutit.
d) Kuni köögiviljad on veel ahjus, valmista magus glasuur. Lisa segamisnõusse mesi (või vahtrasiirup), apelsinimoos, riivitud ingver, seesamiõli ja Wasabi.
e) Tõsta ahjupann ettevaatlikult ahjust välja ja laota köögiviljad kõrvale, et kalale ruumi jääks.
f) Maitsesta lõhe kergelt soola ja pipraga.
g) Aseta lõhefileed ahjuvormi keskele ning vala magus glasuur lõhele ja köögiviljadele.
h) Pange pann tagasi ahju ja küpsetage veel 8-10 minutit või kuni lõhe on kahvliga pehme.
i) Tõsta lõhe, bataat ja spargelkapsas kenale serveerimisvaagnale. Kaunista seesamiseemnete ja talisibulaga.

71.Wasabi ja roheline tee lõhe

KOOSTISOSAD:
- 3 supilusikatäit sinepi-Wasabi hõõruda
- 1 tl sidrunikoort
- 2 lõhefileed
- 3 sibulat
- 2 spl sojaõli
- 1 tl hakitud küüslauku
- 1 tl hakitud ingverit
- 1 tl sojakastet
- 1 tass rohelise tee Ponzu kastet

JUHISED:
a) Süütage grill umbes 375¡F-ni.
b) Eelsoojenda grillplaat või kalakorv otse tule kohal.
c) Sega väikeses kausis wasabi hõõruda ja sidrunikoor ning tõsta kõrvale. Liigse niiskuse ja peente soomuste eemaldamiseks kraapige noa tuhm külg vastu kala nahka, sabast peani.
d) Lõika kolm või neli diagonaalset kaldkriipsu läbi kalaliha mõlemalt poolt kuni luuni. Hõõru kala seest ja väljast õliga, seejärel maitsesta seest ja väljast wasabi hõõrumisega.
e) Kombineerige ingver, sibul, küüslauk ja sojakaste ning pange kõrvale.
f) Pintselda grillrest ja määri õliga. Õlitage grillplaat ja asetage kala; pane grillile otse tule kohale. Katke ja küpseta, kuni kala on mõlemalt poolt pruunistunud, kuid keskelt veel niiske (umbes 130¡F sisetemperatuur), umbes 15 minutit, keerates üks kord. Kui teie grillil on temperatuurinäidik, peaks see jääma umbes 375 ¡F.
g) Lõika tera vastu ¼–½ tolli paksusteks viiludeks ja serveeri Ponzu kastmega.

72. Rohelise hernesupp murulauku õitega

KOOSTISOSAD:
- 1 spl ekstra neitsioliiviõli
- 2 paksu viilu täistera rukkileiba, kuubikuteks
- Meresool ja värskelt jahvatatud pipar
- Kaunistuseks värske murulauk koos õitega
- 2 ¾ tassi köögiviljapuljongit
- 10 untsi värskeid või külmutatud herneid
- ¼ tl wasabi pulbrit või pasta
- ¾ tassi täisrasvast tavalist jogurtit
- Viimistlusõli tilgutamiseks

JUHISED:
a) Kuumuta oliiviõli pannil.
b) Viska saiakuubikud õlisse, keerates tangide või kuumakindla spaatliga, et röstida igast küljest umbes 4 minutit. Maitsesta soola ja pipraga.
c) Tõsta taldrikule jahtuma.
d) Tõmmake murulaukude küljest murulauku õied ja tükeldage rohelised võrsed.
e) Kuumuta puljong supipotis kõrgel kuumusel podisemiseni. Lisage herned ja küpseta, kuni need on erkrohelised ja lihtsalt keedetud 8–10 minutit.
f) Eemaldage tulelt ja kasutage sukelmikserit või viige supp partiidena segistisse, et töödelda ühtlaseks, umbes 3 minutiks.
g) Lisa wasabi ja maitsesta soola ja pipraga. Lisa jogurt ja töötle 2–3 minutit ühtlaseks ja kergelt kreemjaks.
h) Tõsta potti tagasi ja hoia tasasel tulel soojas kuni serveerimiseni.
i) Vala supp kaussidesse, tõsta peale krutoonid ja nirista peale oliiviõli.
j) Maitsesta pipraga ning puista peale hakitud murulauk ja selle õied. Serveeri soojalt.

73. Grillitud lõhe värskete virsikutega

KOOSTISOSAD:
- 6 lõhefileed, paksusega 1 tolli
- 1 suur konserv viilutatud virsikud, kerge siirupi sort
- 2 supilusikatäit valget suhkrut
- 2 supilusikatäit lahjat sojakastet
- 2 supilusikatäit Wasabi pasta
- 2 supilusikatäit soolata võid
- 1 1-tolline värske ingveri nupp, riivitud
- 1 supilusikatäis oliiviõli, ekstra neitsi sort
- Sool ja pipar maitse järgi
- Värskelt hakitud koriander

JUHISED:
a) Nõruta viilutatud virsikud ja varu umbes 2 supilusikatäit heledat siirupit. Lõika virsikud hammustuse suurusteks tükkideks.
b) Aseta lõhefileed suurde ahjuvormi.
c) Lisage keskmisesse kastrulisse reserveeritud virsiku siirup, valge suhkur, sojakaste, Wasabi pasta, või, oliiviõli ja ingver. Jätka segamist madalal kuumusel, kuni segu veidi pakseneb. Lisa maitse järgi soola ja pipart.
d) Lülitage kuumus välja ja määrige osa segust harjaga lõhefileed.
e) Lisa kastrulisse viilutatud virsikud ja määri korralikult glasuuriga. Vala glasuuritud virsikud lõhele ja aja ühtlaselt laiali.
f) Küpseta lõhet umbes 10–15 minutit temperatuuril 420 F. Jälgi lõhet hoolikalt, et roog kõrbema ei läheks.
g) Enne serveerimist puista peale veidi värskelt hakitud koriandrit.

SALATID JA KÜLGID

74. Wasabi snapper ceviche salat

KOOSTISOSAD:
- 600 grammi Snapperi fileed, tükeldatud
- ¼ tassi Namida Wasabi viina
- ½ tassi laimimahla
- 1 laimi koor
- 2 supilusikatäit Tabascot; või maitse järgi
- 1 spl Suhkur
- 1 tl Sool
- 1 tass tomatimahla
- 1 väike punane sibul; peeneks hakitud
- 2 tomatit; südamik, seemnetega, tükeldatud
- 1 punane pipar; südamik, seemnetega, viilutatud
- 2 supilusikatäit koriandrit

JUHISED:
a) Segage esimesed seitse elementi.
b) Kata kaanega ja pane vähemalt 1 tunniks külmkappi.
c) Avage ja lisage ülejäänud koostisosad.
d) Sega kõik hästi läbi.
e) Vala suurde kaussi.
f) Serveeri koos teise salatirohelise kausi ja Wasabi majoneesiga.

75.Wasabi krabi ja Mizuna salat

KOOSTISOSAD:
- 12 untsi tükiline krabiliha, korjatud karpide jaoks
- ½ tassi majoneesi
- 2 talisibulat, valged osad hakitud, rohelised õhukeseks viilutatud
- 2 supilusikatäit hakitud värsket shisot
- 2 supilusikatäit maitsestamata riisiäädikat, jagatud
- 4 tl hakitud marineeritud ingverit
- 2 tl wasabipastat, jagatud
- ¼ tassi ekstra neitsioliiviõli
- ¼ tl lauasoola
- 8 untsi (8 tassi) mizuna või beebi rukola
- 1 tass kiirmarineeritud Daikoni redis ja porgand (see leht)

JUHISED:

a) Suru krabi paberrätikutega kuivaks, seejärel viska kausis õrnalt majoneesi, talisibularohelise, shiso, 2 tl äädika, marineeritud ingveri ja ½ tl wasabiga; maitsesta soolaga maitse järgi.

b) Vahusta õli, sool, sibulavalged, ülejäänud 4 tl äädikat ja ülejäänud 1½ tl wasabit suures kausis.

c) Lisage mizuna ja marineeritud köögiviljad ning segage õrnalt, seejärel jagage taldrikutele.

d) Serveeri, lisades üksikuid portsjoneid krabiseguga.

76. Meega röstitud redised

KOOSTISOSAD:

- 1 hunnik rediseid, lõigatud ja poolitatud
- 2 spl oliiviõli
- 2 supilusikatäit mett
- 1 tl Wasabi pasta
- Sool ja pipar maitse järgi
- Värsked tüümianilehed, kaunistuseks (valikuline)

JUHISED:

a) Kuumuta ahi temperatuurini 425 °F (220 °C).
b) Vahusta kausis oliiviõli, mesi, Wasabi pasta, sool ja pipar.
c) Viska redised mee segusse, kuni need on ühtlaselt kaetud.
d) Aseta redised küpsetuspaberiga kaetud ahjuplaadile.
e) Rösti ahjus 15-20 minutit või kuni redised on pehmed ja karamelliseerunud.
f) Võta ahjust välja ja kaunista soovi korral värskete tüümianilehtedega.
g) Serveeri magusa ja soolase lisandina.
h) Nautige neid maitsvaid redise lisandeid!

77. Päevalille idu salat

KOOSTISOSAD:
SALAT
- 3 õhukeseks viilutatud redist
- 1 ½ tassi päevalille idud
- 1 tass rukolat
- 1 kurk, viilutatud
- 2 porgandit, hakitud või tükeldatud

RIIDEMINE
- 2 supilusikatäit värsket sidrunimahla
- 1 tl agaavi
- ½ tl Wasabi pasta
- ¼ teelusikatäit koššersoola
- ¼ tassi oliiviõli

JUHISED:
a) Sega kõik salati koostisosad serveerimiskausis kokku.
b) Vahusta kõik kastme ained omavahel.
c) Viska see kõik kokku!

78. Virnastatud kana Wasabi salat

KOOSTISOSAD:
SALAT
- 1 pea Napa kapsas, lõigatud 1/4-tollisteks ribadeks
- 1 väike pea punane kapsas, südamik puhastatud ja tükeldatud
- 2 suurt porgandit, kooritud ja ribastatud
- 2 kimp rohelist sibulat, õhukeselt viilutatud
- 1 suur inglise kurk, julieneeritud
- 2 tassi keedetud, kooritud Edamame
- 2 tassi röstitud maapähkleid
- 4 grillitud või küpsetatud küüslauguga kanarinda, kuubikuteks
- 1 väike hunnik koriandrilehti, jämedalt hakitud
- 2 küpset Hassi avokaadot, kooritud, kivideta ja lõigatud 1/2-tollisteks kuubikuteks

Laimi CILANTRO TAI MAAPÄHKLIKASTTE
- 1/4 punast paprikat
- 1 väike hunnik koriandrilehti
- 4 spl toormett või puhast vahtrasuhkrut
- 3 spl riisiäädikat (maitsestatud või maitsestamata)
- 3 spl laimimahla
- 2 tl Wasabi pasta
- 1/2 tl Aasia seesamiõli
- 1/4 tl hakitud värsket ingverit
- 1/2 tl koššersoola
- 1/4 jahvatatud musta pipart
- 3 spl kreemjat naturaalset maapähklivõid
- 1 1/2 teelusikatäit vähendatud naatriumisisaldusega sojakastet või tamari
- 1/4 tl purustatud punase pipra helbeid
- 1/4 tassi ekstra neitsioliiviõli või rapsiõli

Küüslaugukana
- 2 naela kondita ja nahata kanarinda
- 6 supilusikatäit oliiviõli
- 2 spl peeneks hakitud küüslauku
- 1 spl vähendatud naatriumisisaldusega sojakastet või tamari
- 1/2 tl koššersoola

KRÕBED KÜPSETUD WONTONID
- 1 pakk wontoni ümbriseid

- õlipulber, mis on täidetud kõrge kuumusega õliga, nagu rapsiõli või rafineeritud saflooriõli

JUHISED

a) Kombineeri oliiviõli ja maitseained suures Ziploc kotis. Lisage kana rinnatükid ja loksutage/segage, kuni need on korralikult kaetud.

b) Asetage paprika ja koriandrilehed blenderisse või köögikombaini töönõusse. Lisa ülejäänud koostisosad, välja arvatud oliiviõli. Töötle ühtlaseks massiks, umbes 30 kuni 60 sekundit. lisa peenikese joana oliiviõli.

c) Grilli kana mõlemalt poolt 3–4 minutit. Lase jahtuda.

d) Laota wontonid suurele määritud ahjuplaadile. Seejärel piserda õhuke kiht õli kõikide wontonite ülaosadele ja küpseta kuldpruuniks.

e) Asetage Napa ja punane kapsas, porgand, talisibul, kurk ja Edamame väga suurde segamisnõusse ning segage. Lisa kanakuubikud segamisnõusse.

f) Vahetult enne serveerimist lisage maapähklid ja tükeldatud avokaado.

g) Nirista salatile kaste ja tõsta peale purustatud wontoni tükid. Serveeri kohe.

79. Merevetikate ja roheliste salat

KOOSTISOSAD:
RIIDEMINE
- 1 spl riisiäädikat
- 1 spl peeneks hakitud šalottsibul
- 1 spl värsket sidrunimahla
- 1 tl Wasabi pasta
- ¼ teelusikatäit mett
- 2 spl viinamarjaseemnete toiduõli
- 1 spl ekstra neitsioliiviõli
- ½ tl peent meresoola, lisaks veel maitse järgi
- ⅛ teelusikatäis musta pipart, lisaks veel maitse järgi

SALAT
- 8 tassi lehtsalatit, rebitud suupärasteks tükkideks
- 1 tass külmutatud valmislõigatud pruunvetikas, sulatatud
- ¾ tassi diagonaalselt viilutatud porgandit
- ½ tassi õhukeselt viilutatud rediseid
- ½ tassi diagonaalselt viilutatud kurki
- ½ tassi kuivatatud tervete lehtedega dulse
- ½ tassi kuivatatud tervete lehtedega merisammalt, rebitud hammustavateks tükkideks
- koššersool, maitse järgi
- Must pipar, maitse järgi

JUHISED:
a) Klopi väikeses kausis kokku äädikas, šalottsibul, sidrunimahl, Wasabi ja mesi.
b) Lisage õlid järk-järgult õhukese ühtlase joana, vahustades kuni emulgeerumiseni. Vispelda sisse sool ja pipar.
c) Viska suures kausis kokku salatirohelised, pruunvetikas, porgand, redis, kurk, dulse ja merisammal.
d) Nirista üle kastmega ja viska õrnalt peale. Maitsesta salat maitse järgi soola ja pipraga. Serveeri kohe.

80. Grillitud kana Caesar Wonton salat

KOOSTISOSAD:
- 4 tassi Rooma salatit, tükeldatud
- 1/2 tassi grillkana, viilutatud
- 1/4 tassi hakitud parmesani juustu
- 1/4 tassi krutoone
- 8 wontoni ümbrist, praetud ja tükeldatud

RIIDEMINE:
- 2 supilusikatäit majoneesi
- 1 spl sidrunimahla
- 1 küüslauguküüs, hakitud
- 1 tl Wasabi pasta
- Sool ja pipar maitse järgi

JUHISED:
a) Segage suures kausis tükeldatud rooma salat, viilutatud grillkana, hakitud parmesani juust ja krutoonid.
b) Kastme valmistamiseks vahustage väikeses kausis kokku majonees, sidrunimahl, hakitud küüslauk, Wasabi pasta, sool ja pipar.
c) Vala kaste salatile ja sega ühtlaseks.
d) Kõige peale hakitud praetud wontonid.
e) Serveeri kohe.

81. Krõbedad Wasabi maguskartuli vahvlilõigud

KOOSTISOSAD:
- 4 maguskartulit, kooritud ja vahvliviiludeks lõigatud
- 1 spl wasabi pulbrit
- 1 spl meresoola
- 2 tl musta pipart

JUHISED:
a) Kuumutage sügav rasv temperatuurini 350 kraadi F.
b) Prae bataadi vahvliviile, kuni need muutuvad krõbedaks.
c) Nõruta need paberrätikutel ja puista seejärel üle ülalmainitud pulbrite seguga.

82. Maci ja juustu salat peekoniga

KOOSTISOSAD:
- 1 karp maci ja juustuga
- ½ tassi keedetud ja purustatud peekonit
- ¼ tassi hakitud rohelist sibulat
- ¼ tassi tükeldatud kirsstomateid
- ¼ tassi majoneesi
- 1 spl Wasabi pasta
- Sool ja pipar maitse järgi

JUHISED:
a) Küpseta maci ja juustu vastavalt karbil olevatele juhistele. Lase jahtuda. Eraldi kausis segage majonees, Wasabi pasta, sool ja pipar.

b) Lisage keedetud peekon, hakitud roheline sibul ja tükeldatud kirsstomatid jahtunud macile ja juustule.

c) Vala peale majoneesisegu ja sega, kuni kõik on ühtlaselt kaetud.

83.Tsitrusviljade ja Radicchio salat datlitega

KOOSTISOSAD:
- 2 punast greipi
- 3 apelsini
- 1 tl suhkrut
- ½ tl lauasoola
- 3 supilusikatäit ekstra neitsioliiviõli
- 1 väike šalottsibul, hakitud
- 1 tl Wasabi pasta
- 1 väike radicchio pea (6 untsi), poolitatud, puhastatud südamikust ja õhukesteks viiludeks
- ⅔ tassi tükeldatud kivideta datleid, jagatud
- ½ tassi suitsumandleid, tükeldatud, jagatud

JUHISED
a) Lõika greipidelt ja apelsinidelt ära koor ja säsi. Lõika kõik puuviljad pooleks, seejärel lõigake risti ¼ tolli paksusteks viiludeks.
b) Tõsta kaussi, raputa üle suhkru ja soolaga ning lase 15 minutit seista.
c) Nõruta puuviljad kausi kohale asetatud peene silmaga sõelaga, jättes alles 2 supilusikatäit mahla. Laota puuviljad ühtlase kihina serveerimisvaagnale ja nirista peale õli.
d) Klopi keskmises kausis kokku reserveeritud tsitruseliste mahl, šalottsibul ja Wasabi.
e) Lisa radicchio, ⅓ tassi datleid ja ¼ tassi mandleid ning viska õrnalt katteks. Maitsesta soola ja pipraga maitse järgi.
f) Asetage radicchio segu puuviljade peale, jättes servade ümber 1-tollise puuviljaäärise.
g) Puista peale ülejäänud ⅓ tassi datleid ja ülejäänud ¼ tassi mandleid. Serveeri.

84.Puuviljadega valge ja metsiku riisi salat

KOOSTISOSAD:
- 1½ tassi valget riisi, kuumtöötlemata
- 1⅓ tassi metsik riis, kuumtöötlemata
- 1 tass hakitud sellerit
- 1 tass rohelist sibulat, õhukeselt viilutatud
- ¾ tassi kuivatatud jõhvikaid
- ¾ tassi kuivatatud aprikoose, tükeldatud
- ¼ tassi kanapuljongit
- ¼ tassi punase veini äädikat
- ¼ tassi oliiviõli
- 2 tl Wasabi pasta
- ½ teelusikatäit soola
- ½ tl pipart
- 1 tass pekanipähklit, röstitud ja tükeldatud

JUHISED:
a) Keeda riis eraldi vastavalt pakendil olevatele juhistele.
b) Nõruta metsik riis hästi. Kui see on jahtunud, segage sisse seller, roheline sibul, kuivatatud jõhvikad ja kuivatatud aprikoosid.
c) Katke ja jahutage.

d) Sega kastme koostisained kaanega purki ja raputa korralikult läbi. Pane külmkappi. Raputa kastet segamiseks. Vala peale riisisegu.
e) Lisa pekanipähklid ja viska kattele ning sega läbi.

MAGUSTOIT JA MAIUSTUSED

85. Wasabi ja kurgi jäätis

KOOSTISOSAD:
- 1 purk täisrasvast kookospiima
- 2-3 supilusikatäit suhkrut omal valikul
- 1 kurk, väikesteks kuubikuteks
- ½ laimi, mahla
- 1 tl moringat
- 1-2 spl wasabipastat

JUHISED:
a) Kombineeri moringa, kookospiim, suhkur, laimimahl, wasabipasta ja kurk.
b) Kui teil on jäätisemasin, lisage sellele segu ja toimige vastavalt tootja juhistele.
c) Või asetage koostisosad lihtsalt sügavkülmakindlasse anumasse ja külmutage.
d) Segage segu kahvliga iga tund, kuni see on enamjaolt tahke.

86. Wasabi Gouda fondüü

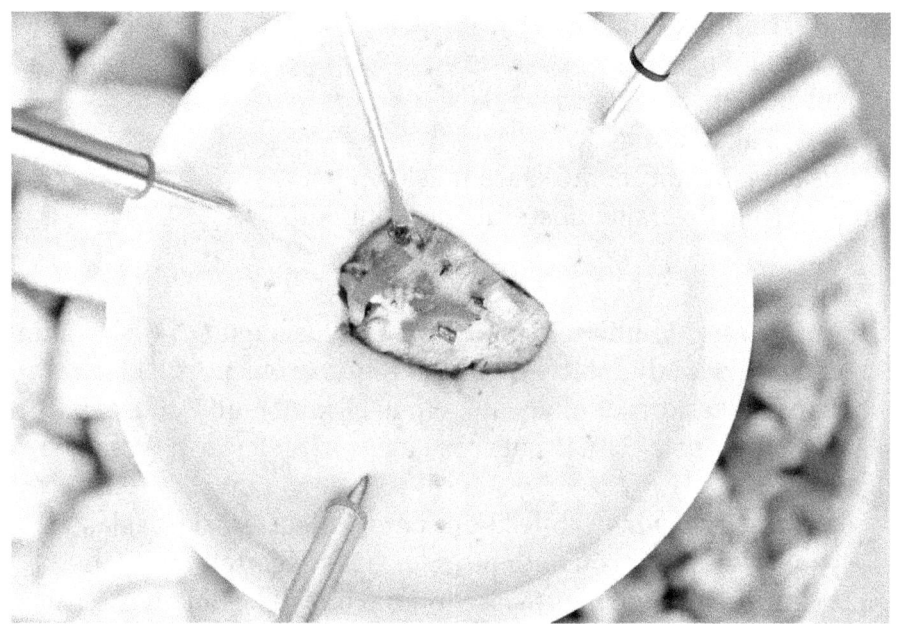

KOOSTISOSAD:

- 1 küüslauguküüs, poolitatud
- 1½ tassi kuiva valget veini
- 4 tassi riivitud Gouda juustu
- 1 tl Wasabi pasta
- 1 spl kartulijahu või maisitärklist
- 2 supilusikatäit Kirsch
- Värskelt jahvatatud muskaatpähkel ja pipar
- 8 viilu (paks) värsket täisteraleiba, kuubikuteks

JUHISED:

a) Hõõruge raske 2-liitrise panni sisemus küüslauguga. (Ma kasutan lihtsalt oma fondüüpotti – sama, mis serveerimispotti). Lisa vein ja küpseta keskmisel-madalal kuumusel, kuni mullid tõusevad aeglaselt pinnale. Samal ajal sega kausis kergelt juust, Wasabi ja jahu.

b) Sega juustu segu lusikatäie kaupa veini hulka. Jätkake aeglaselt segamist, kuni segu on ühtlane (see peaks aeglaselt mullitama). Lisa kirsch 1 spl korraga ja lase fondüü uuesti keema tõusta (liiga kõrge kuumuse tõttu võib fondüü eralduda).

c) Serveerimiseks tõsta fondüü alkoholipõleti kohal hõõrdumisnõusse või elektrisoojendaja serveerimisnõusse. Maitsesta maitse järgi muskaatpähkli ja pipraga.

d) Reguleerige kuumust nii, et fondüü jätkaks aeglaselt mullitamist. Paku leiba fondüüsse kastmiseks fondüükahvleid või bambusvardaid.

87. Kreemjas suitsulõhe ja tilli tart

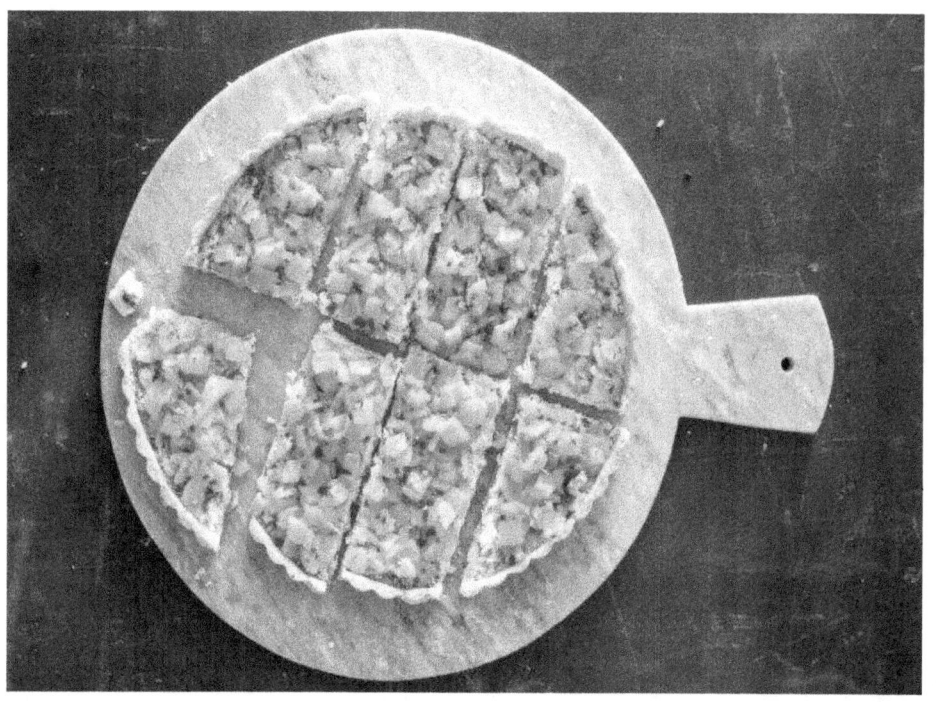

KOOSTISOSAD:
- 5 Leht phyllo - sulatatud
- 3 spl soolata võid - sulatatud
- 4 suurt munakollast
- 1 spl Wasabi Paste - PLUS 1 tl
- 3 suurt muna
- 1 tass pool ja pool
- 1 tass vahukoort
- 6 untsi Suitsulõhe - tükeldatud
- 4 roheline sibul - hakitud
- ¼ tassi tilli - värske, hakitud VÕI 1 T. kuivatatud tilli umbrohtu
- Tilli oksad

JUHISED:
a) Määri 9½-tollise läbimõõduga sügavasse vormi pirukaplaat ohtralt võiga.
b) Asetage tööpinnale 1 filoleht.
c) Määri filoleht võiga ja murra pikuti pooleks. Pintselda volditud pind võiga.
d) Lõika risti pooleks. Asetage 1 filoristkülik, võiga määritud külg allpool, ettevalmistatud pirukaplaadile, kattes põhja ja laske kondiitritoodetel 1 servast ½ tolli võrra üle ulatuda.
e) Pintselda filo pealmine osa pirukaplaadil võiga. Asetage teine filoristkülik pirukataldrikule, kattes selle põhja ja laske kondiitritoodetel ½ tolli võrra teisest servaosast üle ulatuda; pintselda võiga.
f) Korrake protsessi ülejäänud 4 filolehega, veendudes, et kogu serva pind on kooriku moodustamiseks kaetud.
g) Voldi üleulatuv osa alla, et tekiks pirukaplaadi servaga ühtlane kooriku serv.
h) Pintselda kooriku servad võiga.
i) Kuumuta ahi 350 F-ni. Klopi munakollased ja Wasabi kausis ühtlaseks.
j) Klopi sisse pool ja pool munad, koor, lõhe, sibul ja hakitud till.
k) Maitsesta maitse järgi soola ja pipraga. Vala ettevalmistatud koorikusse.
l) Küpseta, kuni keskosa on hangunud, umbes 50 minutit.
m) Ülekanne riiulile. Lahe. Kaunista tilliokstega ja serveeri veidi soojalt või toasoojalt.

88. Krabi ja spargli flan

KOOSTISOSAD:
- 200 g värsket krabiliha, mis on valitud karpide jaoks
- 200g sparglit, kärbitud ja väikesteks tükkideks hakitud
- 4 muna
- 200 ml topeltkoort
- 1 tl Wasabi pasta
- Sool ja pipar, maitse järgi
- Või, määrimiseks
- Värsked petersellilehed, hakitud

JUHISED:
a) Kuumuta ahi temperatuurini 180°C/160°C ventilaator/gaasimärk 4.
b) Määri neli väikest ramekiini või üks suur ahjuvorm võiga.
c) Keeda spargelid väikeses potis keevas vees 5 minutit pehmeks. Nõruta ja tõsta kõrvale.
d) Vahusta segamisnõus munad, koor ja Wasabi pasta. Maitsesta soola ja pipraga maitse järgi.
e) Lisa keedetud spargel ja krabiliha segamisnõusse ning sega omavahel.
f) Vala segu ühtlaselt ramekiinidesse või ahjuvormi.
g) Asetage ramekiinid või küpsetusnõu röstimisplaadile ja valage plaadile nii palju keevat vett, et see jõuaks ramekiinide või vormi külgede poole.
h) Küpseta eelkuumutatud ahjus 20-25 minutit, kuni plaat on tahenenud ja kuldpruun.
i) Võta ahjust välja ja lase paar minutit jahtuda.
j) Eemaldage ettevaatlikult ramekiinidelt või vormilt plaat ja asetage serveerimistaldrikutele.
k) Kaunista hakitud värske peterselli lehtedega ja serveeri kuumalt või külmalt.

89. Tuunikala ja kaaviari parfee

KOOSTISOSAD:
- 4 untsi värsket ahi tuunikala; peeneks kuubikuteks lõigatud
- 2 tilka Tabasco piprakastet
- 1 spl peeneks hakitud murulauku
- 1 tl Oliiviõli
- Sool ja pipar maitse järgi
- 2 untsi Wasabi tobiko ja/või kaaviari
- 1 spl Vahukoor; magustamata
- 8 murulauk

JUHISED:
a) Sega hästi jahutatud kausis tuunikala, Tabasco piprakaste, murulauk, oliiviõli ning sool ja pipar.
b) Parfee klaasis vaheldumisi tuunikala segu, wasabi tobiko ja kaaviar.
c) Kõige peale tõsta vahukoor ja kaks murulauku.

90. Wasabi Mousse

KOOSTISOSAD:
- 1½ tl Wasabi pulbrit
- ½ tassi rasket koort
- Sool, maitse järgi
- Sidrunimahl, maitse järgi

JUHISED:
a) Vahusta keskmises kausis wasabipulber koore hulka.
b) Maitsesta segu kergelt näpuotsatäie soola ja mõne tilga sidrunimahlaga, kohenda maitse järgi.
c) Vahusta segu tugevalt, kuni see muutub jäigaks ja hoiab oma kuju.
d) Teie Wasabi Mousse on nüüd valmis serveerimiseks teie roogade maitsva ja kreemja lisandina. Nautige!

MAITSED

91. Wasabi-greipfruudi vinegrett

KOOSTISOSAD:
- ½ tassi greibimahla
- 2 supilusikatäit mett
- 1 spl Wasabi pasta
- ¼ tassi oliiviõli
- Sool ja pipar, maitse järgi

JUHISED

a) Sega väikeses segamiskausis kokku greibimahl, mesi ja Wasabi pasta.

b) Lisage pidevalt vispeldades aeglaselt oliiviõli, kuni vinegrett on hästi segunenud.

c) Maitsesta soola ja pipraga maitse järgi.

d) Kasutage koheselt või hoidke õhukindlas anumas külmkapis kuni 1 nädal.

92. Lavendli mesi Wasabi

KOOSTISOSAD:
- ¼ tassi Wasabi pasta
- 2 supilusikatäit mett
- 1 tl kuivatatud lavendliõisi
- 1 spl valge veini äädikat
- Sool ja pipar maitse järgi

JUHISED:
a) Segage väikeses kausis Wasabi pasta, mesi, kuivatatud lavendliõied ja valge veini äädikas.
b) Sega hästi, kuni kõik koostisosad on põhjalikult segunenud.
c) Maitsesta soola ja pipraga maitse järgi.
d) Serveeri kana dipikastmena, salatikastmena või grill-köögiviljade glasuurina.

93. Wasabi-mee glasuur

KOOSTISOSAD:
- 2 supilusikatäit Wasabit
- ¼ tassi mett

JUHISED:
a) Sega väikeses segamiskausis wasabi ja mesi. Vajadusel lisa vett, et tekiks paks glasuur.
b) Kasuta grillitud tofu peal wasabi-mee glasuuri.

94. Wasabi kaste

KOOSTISOSAD:
- 1 tass Wasabit
- 1½ tassi valget või riisiäädikat
- 1 tass Suhkur
- 2 muna

JUHISED:
a) Sega konteineris wasabi ja valge või riisiäädikas. Laske sellel segul maitse arendamiseks üle öö seista.
b) Sega eraldi kausis suhkur ja munad. Küpseta seda segu kahekordse katla kohal, kuni see jõuab "Napp" faasi. (Märkus: "Napp" on kulinaarne termin, mida kasutatakse kastme konsistentsi kirjeldamiseks, mis katab lusika tagakülje ilma maha jooksmata.)
c) Kui suhkru-munasegu on saavutanud soovitud konsistentsi, tõsta see tulelt ja lase jahtuda.
d) Pärast suhkru ja munasegu jahtumist ühenda see eelnevalt valmistatud wasabi ja äädika seguga.
e) Jahutage kaste kuni vajaduseni.
f) Seda omatehtud Wasabi kastet saab kasutada erinevate roogade maitseainena. Nautige!

95. Wasabi õli

KOOSTISOSAD:
- ½ tassi wasabi pulbrit
- 1 spl mirin
- 1 tl suhkrut
- Vesi
- ½ tassi neutraalset õli

JUHISED:
a) Vahusta roostevabast terasest kausis wasabipulber, mirin ja suhkur.
b) Lisa vahustades vähehaaval vett, kuni saavutad lahtise püree konsistentsi. Vajalik veekogus võib varieeruda, seega lisage seda aeglaselt, kuni saavutate soovitud tekstuuri.
c) Kui wasabi segu on õige konsistentsiga, vahustage neutraalset õli, kuni see on hästi segunenud.
d) Teie omatehtud Wasabi Oil on nüüd valmis teie roogadele maitsvat lisama. Nautige!

96. Cilantro & Serrano Kallis vinegrett

KOOSTISOSAD:
- 2 Serrano tšillit
- 1½ supilusikatäit mett
- ½ tassi koriandri lehti
- 1 spl Wasabi pasta
- ¾ tassi rapsiõli

JUHISED:
a) Sega kõik kokku ja lisa aeglaselt õli.
b) Vaja võib minna veidi jäävett.

97. Wasabi majonees

KOOSTISOSAD:
- 3 munakollast
- ½ tl soola
- 1 spl sidrunimahla
- 3 spl Jaapani riisiäädikat või valge veini äädikat
- 2 spl sojakastet
- 2 supilusikatäit Dijoni sinepit
- 6 spl Wasabi pulbrit (segatud vähese veega pasta saamiseks)
- 500 milliliitrit taimeõli

JUHISED:

a) Sega köögikombainis munakollased, sool, sidrunimahl, Jaapani riisiäädikas (või valge veini äädikas), sojakaste, Dijoni sinep ja wasabipulbri pasta (valmistatud wasabipulbri segamisel vähese veega).

b) Kui köögikombain töötab, lisage järk-järgult ühtlase joana taimeõli. Jätka töötlemist, kuni segu pakseneb ja moodustab kreemja majoneesi konsistentsi.

c) Maitske Wasabi majoneesi ja vajadusel reguleerige maitsestamist, lisades oma maitse järgi rohkem soola, sidrunimahla või wasabipastat.

d) Viige Wasabi majonees anumasse ja jahutage kuni kasutamiseni.

e) Teie omatehtud Wasabi majonees on nüüd valmis teie võileibadele, sushile või muudele roogadele särtsu andma. Nautige!

98. Wasabi dipikaste

KOOSTISOSAD:

- 1 küüslauguküüs, hakitud
- ¼ tassi sojakastet
- 1 spl mirin
- 1 spl laimimahla
- 3 spl vett
- ¼ teelusikatäit wasabit (segatud ¼ tl veega)

JUHISED:

a) Segage väikeses kausis hakitud küüslauk, sojakaste, mirin, laimimahl ja 3 supilusikatäit vett.
b) Eraldi väikeses tassis segage wasabi ¼ teelusikatäie veega, et saada ühtlane pasta.
c) Lisa valmis wasabipasta teistele kausis olevatele koostisainetele.
d) Segage hästi, et kõik koostisosad seguneksid.
e) Teie Wasabi dipikaste on nüüd valmis teie lemmiksushi, sashimi või muude roogade kõrvale. Nautige!

99. Wasabi Tobiko Vinaigrette

KOOSTISOSAD:
- ½ supilusikatäit Dijoni sinepit
- ½ supilusikatäit riisiveini äädikat
- ¼ tassi rapsiõli
- 1 supilusikatäis Wasabi tobiko
- Sool, maitse järgi
- Värskelt jahvatatud must pipar, maitse järgi

JUHISED:
a) Sega kausis kokku Dijoni sinep ja risiveiniäädikas.
b) Niristage aeglaselt rapsiõli, samal ajal pidevalt vahustades, et tekiks katkine vinegrett.
c) Lisa segule wasabi tobiko ja sega korralikult läbi.
d) Maitsesta soola ja värskelt jahvatatud musta pipraga.
e) Veenduge, et vinegrett poleks emulgeeritud; sellel peaks olema purunenud tekstuur.
f) Maitse ja vajadusel maitsesta.
g) Kasutage oma roa täiustamiseks Wasabi Tobiko vinaigrette. Nautige!

100. Wasabi-Serrano laimivõi

KOOSTISOSAD:

- 2 laimi
- 3 serrano paprikat (või 2 jalapenot)
- ½ naela magusat koorevõid, pehmendatud
- 1 spl wasabi pulbrit
- ½ tl koššersoola
- ½ tl värskelt jahvatatud musta pipart

JUHISED:

a) Keskmises kausis riivige peeneks laimi roheline koor, jälgides, et te ei riiviks valget säsi.
b) Haki serrano paprika peeneks (soovi korral võid lisada ka seemneid lisakuumuse saamiseks).
c) Sega suuremas segamiskausis pehme koorevõi, riivitud laimikoor, tükeldatud serrano paprika, wasabi pulber, koššersool ja värskelt jahvatatud must pipar.
d) Segage kõik koostisosad põhjalikult, kuni need on hästi segunenud.
e) Teie Wasabi-Serrano laimivõi on nüüd kasutamiseks valmis!
f) Nautige seda maitsvat võid erinevate roogade maitseaine või maitsetugevdajana.

KOKKUVÕTE

Kui meie teekond läbi "Ülimaalne Wasabi Kogemus" jõuab lõpule, loodame, et olete nautinud põnevat segu ülemaailmsetest maitsetest ja wasabi vastupandamatust kuumusest. Wasabi on midagi enamat kui lihtsalt maitseaine; see on mitmekülgne koostisosa, mis võib tõsta roogasid üle kogu maailma.

Soovitame teil jätkata wasabist inspireeritud köögi uurimist, katsetada uusi retsepte ning jagada oma kulinaarset loomingut sõprade ja perega. Globaalsete maitsete vürtsikas sümfoonia koos wasabi kuumusega on kulinaarne seiklus, mida tasub omaks võtta.

Aitäh, et saite osa sellest tulisest ja maitsekast kogemusest. Olgu omandatud teadmised ja oskused jätkuvalt rikastavad teie kulinaarset teekonda ning teie sööki kaunistab alati põnev wasabi. Head kokkamist ja " Ülimaalne Wasabi Kogemus " nautimist!

www.ingramcontent.com/pod-product-compliance
Lightning Source LLC
Chambersburg PA
CBHW071332110526
44591CB00010B/1122